Como DEUS Pode e Vai Restaurar Seu Casamento

*Um Livro para Mulheres
De Alguém que Esteve Nesse Lugar!*

Erin Thiele
traduzido para português

Como DEUS Pode e Vai Restaurar Seu Casamento
De Alguém Que Esteve Nesse Lugar!
Por Erin Thiele

Publicado por:
Narrow Road Productions
POB 830
Ozark, MO 65721 U.S.A.

Os materiais de Restore Ministries International foram escritos com o único propósito de encorajar as mulheres. Para mais informações sobre nossos livros, por favor, nos visite em:

AjudaMatrimonial.com
EncouragingWomen.org

Permissão do autor foi dada para aqueles que desejam imprimir ou fotocopiar este livro para si ou para outros, exclusivamente para fins informativos e incentivo, no entanto, tais cópias ou reproduções não podem ser vendidos em qualquer forma sem permissão prévia por escrito do autor.

A menos que seja indicado, a maioria dos versículos das Escrituras são extraídos da versão "Almeida Revisada e Corrigida" (ARC) e da Nova Versão Internacional (NVI). Nosso ministério não é parcial para qualquer versão particular da bíblia, mas **ama** todas elas com a finalidade de ajudar a todos em todas as denominações que tem o desejo de restaurar seus casamentos.

Copyright © 2013 por Erin Thiele

ISBN-10: 1931800200
ISBN13: 978-1931800204
Número de Controle da Biblioteca do Congresso: 2015910008

Dedicatória

Este livro é dedicado ao meu Senhor, Salvador e "Amado da minha Alma", Jesus Cristo. Agradeço por nunca me deixar só e por suas promessas fiéis, especialmente Romanos 8:28, "Sabemos que todas as coisas cooperam para o bem daqueles que amam a Deus, daqueles que são chamados segundo o seu propósito".

E também, para minha querida, doce amiga, Patricia, que traduziu este livro para o português. Estes versículos são dedicados a você, Patricia, Suas promessas para **você**:

"Assim diz o SENHOR: Reprime a tua voz de choro e as lágrimas de teus olhos; porque **há recompensa para as *tuas obras***, diz o Senhor, pois os teus filhos voltarão da terra do inimigo." Jeremias 31:16.

"Eis que Eu sou o Senhor, o Deus de todos os viventes; acaso, haveria coisa demasiadamente maravilhosa para Mim?" Jeremias 32:27.

"Eles serão o Meu povo e Eu serei o seu Deus. **Dar-lhes-ei *um só* coração e *um só* caminho**, para que Me temam *todos os dias*, para seu bem e bem de seus filhos. Farei com eles aliança eterna, segundo a qual não deixarei de **lhes fazer o bem**; e porei o Meu temor no seu coração, para que nunca se apartem de mim. Alegrar-me-ei por causa deles e lhes farei bem; plantá-los-ei firmemente nesta terra, de todo o Meu coração e de toda a Minha alma. Porque assim diz o Senhor: Assim como fiz vir sobre este povo todo este grande mal, assim lhes trarei todo o **bem** que lhes estou prometendo" Jeremias 32:28-42.

Beijos,

Erin

Conteúdo

1. Minha amada 5
2. O oleiro e o barro 31
3. Tenha fé 39
4. Várias provações 45
5. Seu primeiro amor 57
6. Mulher contenciosa 67
7. Bondade em sua língua 75
8. Ganhe sem palavras 89
9. Espírito manso e quieto 107
10. Ele inclina o coração 119
11. Eu odeio o divórcio 126
12. Buscando a Deus 135
13. Maravilhoso Conselheiro 151
14. Primeiro a atirar pedras 162
15. Abrindo as janelas dos céus 173
16. As chaves dos céus 191
17. Estar na brecha 204
    Sobre a autora 212

Capítulo 1

Minha amada

*"Dou graças a Deus...sem cessar faço memória de ti
nas minhas orações noite e dia.
Desejando muito ver-te,
lembrando-me das tuas lágrimas,
para me encher de gozo".*
—*2 Timóteo 1:2-4*

Amada irmã em Cristo,

Não é por acaso que você está segurando este livro em suas mãos; é pela Providência Divina. Deus ouviu seu clamor por socorro, como Ele ouviu o meu, e veio para resgatá-la. As páginas a seguir irão guiá-la, como Ele guiou-me quando outros disseram que isto era completamente impossível.

O que Ele me pediu para fazer não foi fácil, nem será fácil para você. Mas se você quer um milagre em sua vida, isto pode acontecer. Se você quer um testemunho para compartilhar com outros a respeito da fidelidade de Deus, isto vai acontecer. Se você realmente deseja que Deus restaure um casamento que está desesperançado, então continue lendo. Deus pode e vai restaurar seu casamento, como Ele fez com o meu.

A Bíblia diz que "quanto ao Senhor, Seus olhos passam por toda a terra, para mostrar-se forte para com aqueles cujo coração é perfeito para com Ele" (2 Crônicas 16:9). Ele tem olhado para você para ajudá-la. Você está pronta?

Você precisará de uma obediência fervorosa. Você deverá entrar "pela porta estreita; porque larga é a porta e espaçoso o caminho que conduz à perdição, e muitos são os que entram por ela; e porque estreita é a porta e apertado o caminho que leva à vida, e poucos há que a encontrem" (Mateus 7:13-14). É sua a escolha de seguir Seu caminho estreito agora ou de voltar atrás.

Este é o momento de escolher. "Os céus e a terra tomo hoje por testemunhas contra vós, de que te tenho proposto a vida e a morte, a bênção e a maldição; escolhe pois a vida, para que vivas, tu e a tua descendência, amando ao Senhor teu Deus, dando ouvidos à Sua voz, e achegando-te a Ele; pois Ele é a tua vida, e o prolongamento dos teus dias..." (Deuteronômio 30:19-20).

Se você continua lendo e ainda não jogou longe este livro, então escolheu continuar. Há lágrimas em meus olhos enquanto penso na gloriosa ressurreição de seu casamento e de sua família que espera por você. Eu oro por bençãos sobre você. Espero que algum dia nos encontremos, seja neste ou no outro lado do "paraíso", onde não há mais lágrimas.

Querida irmã em Cristo Jesus, Deus pode e vai restaurar seu casamento: você tem Sua Palavra nisto. "Jesus, porém, respondendo, disse-lhes: Em verdade vos digo que, se tiverdes fé e não duvidardes, não só fareis o que foi feito...mas até se a este monte disserdes: Ergue-te, e precipita-te no mar, assim será feito..." (Mateus 21:21).

Já que você está lendo este livro, presumo que esteja numa crise em sua vida e em seu casamento. Seu marido a deixou? Você o deixou ou pediu a ele que partisse? Talvez você tenha obtido este livro antes de um de vocês terem dado este passo drástico de partir, contudo você ou seu marido já falaram sobre divórcio durante uma briga. Você tem que acreditar que "todas as coisas (**podem** contribuir) juntamente para o bem daqueles que *amam* a **Deus**, daqueles que são chamados segundo o *Seu* **propósito**" (Romanos 8:28).

Enquanto você está passando por provações pessoais em seu casamento problemático, se deseja que as coisas cooperem para o bem, você deve amar a Deus em primeiro lugar e realmente querer o **Seu** propósito para a sua vida.

Neste momento, o Seu propósito é que você seja atraída para mais perto Dele, para permitir que Ele a transforme mais semelhantemente a Sua imagem. E tenha coragem, pois Deus disse: "Não te deixarei, nem te desampararei" (Hebreus 13:5). Deus não deixou de estar ao seu lado: "Ainda que eu andasse pelo vale da sombra da morte, não temeria mal algum, porque **Tu** *estás comigo*" (Salmos 23:4).

Tenho certeza que o "vale da sombra da morte" descreve bem como você se sente a respeito de sua situação, mas Deus *permitiu* isto para o **seu bem**.

Somente depois, você brilhará visivelmente como o ouro. "Em que vós grandemente vos alegrais, ainda que agora importa, sendo necessário, que estejais por um pouco contristados com várias tentações (provações), para que a prova da vossa fé, muito mais preciosa do que o ouro que perece e é provado pelo fogo, se ache em louvor, e honra, e glória" (1 Pedro 1:6-7).

A coisa mais importante a fazer agora é: "Aquietai-vos e sabei que Eu sou Deus" (Salmos 46:10). E então, siga o caminho de Deus. Garanta que tudo que você faz ou diz seja conforme as Escrituras; assegure-se de que você siga o que a Bíblia diz consistentemente.

Deus não tem nenhuma intenção de que seu casamento acabe. Lembre-se que o próprio Jesus disse: "Deixará o homem pai e mãe e se unirá a sua mulher, e serão dois numa só carne. Assim não são mais dois, mas uma só carne. Portanto, o que Deus ajuntou não o separe o homem" (Mateus 19:5-6). E também: "Porque o Senhor, o Deus de Israel, diz que odeia o repúdio (divórcio)...portanto guardai-vos em vosso espírito e não sejais desleais" (Malaquias 2:16).

Satanás é quem quer que seu casamento seja destruído, não o Senhor. Lembre-se que "o ladrão (Satanás) não vem senão a roubar, a matar, e a destruir. Eu (Jesus) vim para que tenham vida e a tenham com abundância" (João 10:10). Não acredite nas mentiras de Satanás: leve "cativo **todo** o entendimento à obediência a Cristo" (2 Coríntios 10:5).

Não permita que ele roube seu marido. Não permita que ele destrua sua família, sua vida, seus filhos e roube seu futuro. Acredite em mim e em outros que podem dizer-lhe por experiência própria que o divórcio destruirá seus filhos e roubará o futuro deles, assim como o seu.

Ao invés disto, siga o caminho de Deus. Tome o Senhor como seu marido, enquanto espera a restauração: "Pois o teu Criador é o teu marido..." (Isaías 54:5). "Porque os montes se retirarão e os outeiros serão abalados; porém a minha benignidade não se apartará de ti e a aliança da minha paz não mudará, diz o Senhor que se compadece de ti" (Isaías 54:10).

Medite profundamente na Bíblia, deixando o Senhor purificá-la "com a lavagem da água, pela Palavra" (Efésios 5:26). Ore e acredite no que as Escrituras dizem, não no que você vê: "Ora, a fé é o firme fundamento das coisas que se esperam, e a prova das coisas que **se não veem**" (Hebreus 11:1). "Sem fé é impossível agradar a Deus..." (Hebreus 11:6).

Ninguém, a não ser Deus, sabe exatamente o que você está passando ou as respostas que você necessita agora. Através da oração (você simplesmente falando com Deus) e ouvindo a Ele (você lendo sua Palavra: a Bíblia), **Ele pode conduzi-la** à vitória que Ele tem para você. Não escolha seguir o que outros possam dizer, os do mundo, amigos na igreja ou qualquer conselheiro que lhe fale sobre algo que ouviu ou leu. Se você está orando e lendo a Palavra de Deus, Deus vai falar com você primeiro, no seu coração ou durante sua leitura da Palavra, e então alguém irá **confirmar** a direção na qual **Ele** está orientando você.

A maioria das pessoas, cristãs ou não, dizem coisas que soam bem e parecem boas à carne. Mas se o que disserem não seguir as Escrituras, **está errado**! Você estará em areia movediça. "Bem-aventurado o homem que não anda segundo o conselho dos ímpios" (Salmos 1:1). Quando é de Deus, normalmente parece loucura (como acreditar em seu casamento quando outros dizem "caia fora!") e isto sempre necessita da ajuda do Espírito Santo para efetuar.

1. Minha amada

Não aja impulsivamente ou apressadamente. Deus normalmente diz "Espere!". Muitas vezes, durante a espera, Ele muda a situação. Deus disse que Ele é o "Maravilhoso, Conselheiro, Deus Forte" (Isaías 9:6). Você não quer o melhor? Você não gostaria de ter um conselheiro que conheça o futuro? Alguém que possa realmente mudar o coração do seu marido? Há somente Um que pode mostrar-lhe a direção certa. Confie Nele e Nele somente! Atualmente há **mais** casamentos destruídos na igreja do que há no mundo, então, não siga outro cristão, conselheiro cristão, ou pastor que dê o conselho do mundo ao invés do de Deus.

Infelizmente, muitos casamentos são destruídos por conselheiros matrimoniais cristãos. Eles fazem você e seu marido falarem do passado e dizerem coisas que nunca deveriam ser ditas. Frases cruéis que são mentiras do inimigo ou sentimentos da carne. Então, após o conselheiro ouvir você dizer o que ele a induziu a dizer, dirá que não há solução para sua situação.

Se alguém (incluindo seu marido) disse a você que não há esperança para sua situação, então comece a louvar ao Senhor. Situações sem solução e sem esperança são exatamente o que o Senhor escolhe para mostrar Seu poder! "Aos homens é isso impossível, mas *para Deus* **todas** as coisas são possíveis!" (Mateus 19:26).

Trabalhe com Deus. E não acredite que, sem a ajuda ou a cooperação de seu marido, seu casamento não pode ser salvo ou aperfeiçoado. Nosso ministério foi fundado para aqueles que são o único parceiro buscando a restauração de seus casamentos! Tudo que é necessário é o seu coração e a força de Deus. "Quanto ao Senhor, Seus olhos passam por toda a terra, para mostrar-se forte para com aqueles cujo coração é perfeito para com Ele" (2 Crônicas 16:9).

Tive o privilégio de ser "aconselhada" pelo Melhor Conselheiro e quero compartilhar um pouco do que Ele me disse através da Sua Palavra. Duas situações não são exatamente iguais, todavia, a Palavra de Deus se aplica a todas as situações. "Bendito seja o Deus e Pai de nosso Senhor Jesus Cristo, o Pai das misericórdias e o Deus de toda a consolação; que nos consola em toda a nossa tribulação, para que também possamos consolar os que estiverem em alguma tribulação, com a consolação com que nós mesmos somos consolados por Deus" (2 Coríntios 1:3-4).

Busque Sua Palavra, depois de ter orado. "Pedi e dar-se-vos-á; buscai e encontrareis..." (Mateus 7:7). "E, se algum de vós tem falta de sabedoria, peça-a a Deus, que a todos dá liberalmente e o não lança em rosto, e ser-lhe-á dada. Peça-a, porém, com fé, em nada duvidando; porque o que duvida é semelhante à onda do mar, que é levada pelo vento, lançada de uma para outra parte. Não pense tal homem que receberá do Senhor alguma coisa. O homem de coração dobre é inconstante em todos os seus caminhos" (Tiago 1:5-8).

Você tem que ter fé! E onde você obtém fé? Dele! Peça a Ele por fé, uma vez que "toda a boa dádiva e todo o dom perfeito vem do alto" (Tiago 1:17).

A palavra de Deus, Seus princípios

Amada, quer você conheça a Bíblia bem ou nem sequer a tenha lido antes, *somente* a Bíblia deve ser seu guia para restaurar seu casamento. O Livro que você está lendo consiste de todos os versículos que o Senhor usou para guiar-me através do fogo da provação para minha restauração.

O Senhor mostrou-me que violei muitos dos princípios do casamento e Ele também mostrou outros pecados que eu não tinha consciência ou que nunca tinha lidado antes (através do arrependimento). Todos estes pecados e violações levaram à destruição do meu casamento.

Isto é igual para **todas** as mulheres que encontram seus casamentos em pedaços ou completamente destruídos, incluindo você. Em breve você descobrirá, se não estiver ciente disto ainda, que **não** foi só seu marido que violou os princípios de Deus. Descobrirá, como eu, que você fez muito para contribuir para a destruição de seu casamento. Este entendimento será o ponto da virada, no momento em que você aceitar e olhar para seus pecados e não para os de seu marido.

A sabedoria que aprendi ao ler e reler os versículos da Bíblia que Senhor revelou a mim, ajudou-me a entender o que a Bíblia realmente era e o que eu precisava que fosse em minha vida, meu guia. A Bíblia é repleta das leis espirituais da criação do Senhor. Quando Deus criou o mundo, Ele não apenas o fez com leis físicas, como a lei da gravidade, Ele o criou com leis espirituais também.

Assim como violar as leis físicas da gravidade resultará em consequências, como a nossa queda ou a queda de um objeto, violar os princípios Bíblicos a respeito do casamento resulta na queda de nosso casamento.

Outra descoberta incrível foi que os métodos do mundo são **sempre** opostos aos métodos de Deus e de Sua Palavra. A maneira como você tem lidado com o abandono de seu marido, seu adultério, seu alcoolismo ou abuso de drogas, ou com os papéis de divórcio que ele entregou a você; mais do que parecida, é a mesma maneira com que qualquer pessoa no mundo teria lidado. O que você descobrirá, como eu descobri, é que isto é exatamente o **oposto** da maneira pela qual Deus pretendia que nossas provações fossem tratadas, com o propósito de alcançarmos a vitória. "...Esta é a vitória que vence o mundo: nossa fé" (1 João 5:4).

Quando comecei a seguir o método de Deus, que era o oposto do que todo mundo estava fazendo, então comecei a ver meu casamento sendo transformado. Os métodos do mundo **sempre** resultam em destruição, mas os métodos de Deus **sempre** produzem cura e restauração. "Porque o que semeia na sua carne, da carne ceifará a corrupção; mas o que semeia no Espírito, do Espírito ceifará a vida eterna" (Gálatas 6:8).

Preparei uma referência rápida neste capítulo para ajudá-la **imediatamente** a tirar seu casamento da crise. Estes princípios, se forem seguidos diligentemente, com um coração sincero e humilde, resultarão na imediata ou futura restauração de seu casamento. Isto é **garantido**, não por mim, mas por Deus em Sua Palavra.

O quanto mais uma mulher seguir estes princípios, mais restauração verá como resultado direto de sua obediência. Aquelas que permanecem em crise ou que nunca veem seus casamentos serem restaurados, são aquelas que se recusam a acreditar e obedecer nas leis espirituais de Deus ou que, erradamente, acreditam que estão acima das leis de Deus. Um dos vídeos de nossa série "Seja Encorajada" é voltado inteiramente para os testemunhos de erros que impediam mulheres de alcançar a restauração.

Se você é uma das que acredita fortemente que não está "debaixo da lei" e está, portanto, livre para violar as leis de Deus, "que isto nunca seja"!

"Pois que? Pecaremos porque não estamos debaixo da lei, mas debaixo da graça? **De modo nenhum**" (Romanos 6:15).

"Anulamos, pois, a lei pela fé? **De maneira nenhuma**, antes estabelecemos a lei" (Romanos 3:31).

"**De modo nenhum**. Nós, que estamos mortos para o pecado, como viveremos ainda nele?" (Romanos 6:2).

Aqueles que entenderam a lei da gravidade, aprenderam a elevar-se acima dela, o que resultou no homem ser capaz de voar. O Cristão que estuda a Palavra de Deus será elevado acima do mundo e deixará perplexo o descrente, que então buscará a Deus. Não obstante, a pessoa que acreditar que está acima da lei da gravidade e violá-la, pulando sem paraquedas de um avião, despencará para a morte. É por isto que tantos Cristãos vivem vidas cheias de destruição.

Creia e obedeça

Se você é como muitas mulheres que desejam restaurar seus casamentos, você deve não apenas acreditar que Deus pode restaurar seu casamento, mas deve também obedecer a Sua Palavra. Este livro foi escrito por alguém que estava desesperada, desesperada por seguir a Palavra de Deus **não importasse o que fosse**!!! Você deseja seguir a Palavra de Deus não importando quanto custe? Não importando o quanto doa? A pergunta que você deve fazer a si é: 'Quão importante é salvar meu casamento?'

Receber nada. Se você não obedece a Deus com uma obediência zelosa, não deve esperar receber nada do Senhor, porque é inconstante. "Não pense tal homem que **receberá do Senhor alguma coisa**. O homem de coração dobre é inconstante em todos os seus caminhos" (Tiago 1:7-8). "Odeio os pensamentos vãos, mas amo a tua lei" (Salmos 119:113).

Fé através de minhas obras. Se você diz que tem fé para confiar em Deus a respeito de seu casamento, então 'aja' como se fosse assim. "Meus irmãos, que **aproveita** se alguém disser que tem fé e não tiver as obras? Porventura a fé pode salvá-lo? ...Mas dirá alguém: Tu tens a fé e eu tenho as obras; mostra-me a tua fé sem as tuas obras e eu te mostrarei a minha fé **pelas minhas obras**" (Tiago 2:14, 18). Há muitos testemunhos de mulheres que escolheram 'acreditar', ao invés de obedecer. Cada uma delas continua 'acreditando' em seus casamentos, mas **nenhum** está restaurado!

Arranca-o e atira-o para longe de ti. Novamente, quão importante é seu desejo de ter um casamento restaurado? Você está desesperada o suficiente para fazer "o que for preciso" para salvá-lo? Se você não crê que Deus nos chamou para ter este tipo de obediência, olhe o que Jesus disse em Mateus 5:29-30: "Portanto, se o teu olho direito te escandalizar, **arranca-o e atira-o para longe de ti**, pois te é melhor que se perca um dos teus membros do que seja todo o teu corpo lançado no inferno. E, se a tua mão direita te escandalizar, corta-a e atira-a para longe de ti, porque te é melhor que um dos teus membros se perca do que seja todo o teu corpo lançado no inferno."

Através de todo o capítulo cinco do livro de Mateus, Jesus nos chama a uma obediência maior do que o que estava escrito no Velho Testamento. Leia-o para motivá-la a obedecer a ponto de parecer fanática. Se o que você faz atualmente não parece loucura para os outros, você deve se tornar mais radical em seu comprometimento com seu casamento, porque isto é o que é preciso!

Todas nós devemos ser como Pedro em nossa obediência. Toda vez que lhe era solicitado que fizesse algo, como permitir a Jesus lavar os seus pés, ele foi mais além! Ele até lançou-se ao mar quando Jesus pediu-lhe que descesse do barco. Ele foi o único que seguiu a Jesus com tal comprometimento zeloso. Mesmo assim, Jesus reprovou Pedro por sua pequena fé. Você é morna? "Assim, **porque és morno**, e não és frio nem quente, vomitar-te-ei da minha boca" (Apocalipse 3:16).

Confie e creia que Deus pode e vai restaurar e reconstruir você, seu casamento e sua família. Deus não tem nenhuma outra pessoa aí fora para você, nem pensa que você escolheu a pessoa errada. "Porque a mulher que está sujeita ao marido, enquanto ele viver, está ligada a ele pela lei; mas, morto o marido, está livre da lei do marido. De sorte que, vivendo o marido, será chamada **adúltera** se for de outro marido; mas, morto o marido, livre está da lei, e assim não será adúltera, se for de outro marido" (Romanos 7:2-3).

Se você está pensando sobre casar novamente, isto não é uma opção. Este segundo casamento tem **menos de** 20% de chances de sobrevivência. Você terá uma chance de 8 para 10 de passar por outro doloroso divórcio! Então isto continua no número três e quatro. Pare agora seja qual for o número em que você esteja. Há uma saída melhor!

Ao invés, "Anima-te e Ele fortalecerá o teu coração; espera, pois, no Senhor" (Salmos 27:14, Salmos 31-24 e Isaías 35-4). "Dá-nos auxílio na angústia, porque vão é o socorro do homem. Em Deus faremos proezas; porque Ele é que pisará os nossos inimigos" (Salmos 60:11-12, Salmos 108-12). (Por favor, leia o Capítulo 11, "Eu odeio o divórcio", para maiores esclarecimentos).

Não fale com outros sobre sua situação. Fale com Deus *primeiro*; busque em Sua Palavra a resposta. "Pedi e dar-se-vos-á" (Mateus 7:7 e Lucas 11:9). Ele é o "Maravilhoso, Conselheiro" (Isaías 9:6). "Não ande segundo o conselho dos ímpios" (Salmos 1:1). Não fale aos outros acerca de sua situação: "Que os difamadores não se estabeleçam na terra" (Salmos 140:11).

E também: "O coração do seu marido está nela confiado; assim ele não necessitará de despojo" (Provérbios 31:11). E mais: "Por tuas palavras serás justificado e por tuas palavras serás condenado" (Mateus 12:37). "O intrigante separa os maiores amigos" (Provérbios 16:28 e 17:9). (Veja o Capítulo 7, "Bondade em sua língua", para maiores esclarecimentos. Tal esclarecimento não é opcional, mas essencial: "O Meu povo foi destruído, porque lhe faltou o conhecimento." Oséias 4:6.)

Peça a Deus por uma *parceira* de oração que creia em Deus com você pelo seu casamento. *Fique longe dos grupos de solteiros!!!* Você **não** pertence a estes lugares se tem o desejo de restaurar seu casamento. Fique longe de 'grupos de suporte' que não passam de 'festas de piedade'. Se você deseja que seu casamento seja restaurado, não frequente grupos de reparação do divórcio que irão encorajá-la "a seguir adiante". Você deve escolher agora se deseja ter esperança ou o término de seu casamento.

Ao invés de juntar-se a um grupo, recomendamos fortemente que você ore e peça ao Senhor por apenas **uma** outra mulher que vá ajudá-la. Tudo que eu tive foi apenas uma outra pessoa e o Senhor. Tudo que você precisa é uma outra pessoa e o Senhor! Você pode encontrar uma Parceira de Encorajamento, que compreenda o que você está vivendo, em nosso website.

Pare TODA discussão com seu marido! Este único princípio será o fator decisório a respeito da restauração de seu casamento. Há muitos versículos bíblicos sobre este tópico, páginas e mais páginas que eu poderia digitar para você. Aqui estão apenas alguns: "*Concilia-te depressa* **com o teu adversário**" (Mateus 5:25). "A resposta branda desvia o furor, mas a palavra dura suscita a ira" (Provérbios 15:1). "Como o soltar das águas é o início da contenda, assim, antes que sejas envolvido afasta-te da questão" (Provérbios 17:14). "Até o tolo, quando se cala, é reputado por sábio" (Provérbios 17:28).

A mulher virtuosa "abre a sua boca com sabedoria e a lei da beneficência está na sua língua" (Provérbios 31:26). "Honroso é para o homem desviar-se de questões, mas todo **tolo** é intrometido" (Provérbios 20:3). E mais: "Busca satisfazer seu próprio desejo aquele que se isola; ele se insurge contra toda sabedoria" (Provérbios 18:1). Você tem sido uma mulher contenciosa? (Veja o Capítulo 6, "Mulher contenciosa" e o Capítulo 8, "Ganhe sem palavras", para maiores esclarecimentos.)

Remova o ódio ou a dor, e então, tente olhar amavelmente nos olhos de seu marido. "Olharam para Ele e foram iluminados; e os seus rostos não ficaram confundidos" (Salmos 34:5). "E o que a si mesmo se exaltar será humilhado; e o que a si mesmo se humilhar será exaltado" (Mateus 23:12, Lucas 14:11 e Lucas 18:14). Pedro perguntou quantas vezes deveria perdoar seu irmão que pecou contra ele, "até sete" vezes? Mas Jesus respondeu, "Não te digo que até sete; mas, até setenta vezes sete." Isso dá 490 vezes! (Mateus 18:21-22). Você decidiu ***não*** **perdoar** seu marido pelo que fez a você ou aos seus filhos? A falta de perdão é muito perigosa para você e para o futuro de seu casamento. (Para maiores esclarecimentos, leia a seção "Perdão" do Capítulo 9, "Um espírito manso e quieto").

Você deve começar a ver seu marido como Deus o vê. Ore por seu marido. Você deve primeiro perdoá-lo e qualquer pessoa que seja relacionada a ele (amigos, família, companheiros de trabalho e até outra mulher). (Novamente, veja a seção "Perdão" do Capítulo 9, "Um espírito manso e quieto" sobre os perigos de **não** perdoar). Então você estará pronta para orar pelo homem que Deus quer que seu marido seja. Pare de olhar para as coisas ruins que ele está fazendo. Substitua isto, pedindo a Deus que lhe mostre o bem que ele está fazendo e especialmente o bem que fez no passado. (Veja o Capítulo 7, "Bondade em sua língua", na seção "Respeitoso", para maiores esclarecimentos).

Agradeça a Deus por estas coisas e reserve tempo para agradecer a seu marido quando ele ligar ou visitar você. Se seu marido deixou você, não ligue para ele! **Mas se você deixou seu marido ou mandou ele sair de casa, você deve ligar para ele** e pedir seu perdão. Este ponto é crítico! Quanto mais você esperar, maior será a possibilidade de adultério, se isto já não aconteceu. (Por favor, leia os testemunhos em nosso site, que provêm evidências sobre como estes princípios básicos funcionaram na vida de mulheres que os seguiram).

Uma vez que você tenha se arrependido, **não** fique continuamente se arrependendo. Isto pode ser contraproducente. E também, seu marido aceitar ou não suas desculpas não é a questão. Você está fazendo isto por humildade e obediência a Deus, nada mais.

Fale cordial e amorosamente com seu marido quando você tiver a oportunidade de falar com ele. "As palavras suaves são favos de mel, doces para a alma, e saúde para os ossos" (Provérbios 16:24). "O coração alegre é como o bom remédio, mas o espírito abatido seca até os ossos" (Provérbios 17:22 e Provérbios 18:14). **Você não deve ficar alegre acerca dos problemas em seu casamento; apenas fique alegre porque Deus os tem todos sob Seu controle.** "E, na verdade, toda a *correção*, ao presente, não parece ser de gozo, senão de tristeza, mas depois produz um fruto pacífico de justiça nos exercitados por ela" (Hebreus 12:11).

Não ouça fofocas ou a ninguém que tente dar más informações acerca de seu marido. O amor "tudo sofre, *tudo crê*, tudo espera, tudo suporta. O amor nunca falha." (1 Coríntios 13:7-8). Talvez seu marido diga a você que não está envolvido com outra pessoa, embora você *saiba* que ele está. Entretanto, você deve acreditar nele. Você não estará sendo estúpida ou ingênua; está expressando amor incondicional ou ágape (amor de Deus).

Algumas vezes é a sua família ou são amigos próximos que tentam persuadi-la a divorciar-se ou a mandar seu marido embora, por causa das coisas que ele fez ou está fazendo. Você deve afastar-se daqueles que tentam desviá-la de Deus alimentando sua carne e suas emoções. "Desvia-te do homem insensato, porque nele não acharás lábios de conhecimento" (Provérbios 14:7). "O que anda tagarelando revela o segredo; não te intrometas com o que lisonjeia com os seus lábios" (Provérbios 20:19). Se você difama seu marido, outros irão difamá-lo também! "Aquele que murmura do seu próximo às escondidas, Eu o destruirei; aquele que tem olhar altivo e coração soberbo, não suportarei" (Salmos 101:5).

Porque você já recebeu muitos conselhos que são contrários à vontade e à Palavra de Deus, não compartilhe sua situação com ninguém! Em última instância, isto despertará autopiedade ou raiva em você! Estas emoções são da carne e lutarão contra seu espírito. Deus diz em Gálatas 5:17: "Porque a carne cobiça contra o Espírito e o Espírito contra a carne; e estes opõem-se um ao outro, para que não façais o que quereis." Ouvir, discutir ou procurar conselhos sobre sua situação também trarão confusão, uma vez que a maior parte dos cristãos não **conhecem** realmente a Palavra de Deus e até pastores podem aconselhá-la contrariamente à Palavra! A menos que tenham "provado da mesma água", podem desconsiderar ou minimizar os princípios de Deus, quando você precisa de toda a Palavra de Deus, **imparcialmente**, para salvar seu casamento!

Não tente descobrir o que seu marido está aprontando. Caso você suspeite que há outra pessoa, ou caso você saiba que há outra pessoa com quem ele está envolvido, faça o que Deus diz: "Os teus olhos olhem para a frente e as tuas pálpebras olhem direto diante de ti. Pondera a vereda de teus pés e todos os teus caminhos sejam bem ordenados!" (Provérbios 4:25-26). "Não temas o pavor repentino, nem a investida dos perversos quando vier. Porque o Senhor será a tua esperança; guardará os teus pés de serem capturados" (Provérbios 3:25-26). E novamente, lembre-se que o amor "tudo **crê**" (1 Coríntios 13:7).

Não **confronte seu marido ou os outros envolvidos!** Isto é uma rede que Satanás armou. Eu, bem como muitas outras mulheres, caí nesta armadilha. Esteja atenta! Você pode satisfazer sua carne, mas as consequências destruirão você e qualquer sentimento que seu marido possa ter por você. Não fale com a outra mulher por telefone ou pessoalmente, nem envie uma carta a ela dizendo que a perdoa. Isto não vem de Deus. É o inimigo jogando com sua justiça própria.

Frequentemente, mulheres pensam erroneamente que devem confrontar seus maridos porque eles não deveriam estar fazendo o que estão. **Todas** as mulheres que confrontaram seus maridos, por ignorância, como eu fiz, ou por ignorarem este livro ou meu alerta, escreveram para contar-me como arrependeram-se disto! **Todas** compartilharam que isto resultou em *muitas* consequências horríveis! Por favor, não seja como Eva que tomou a dianteira e fez o que sabia que não deveria!

Uma vez que o pecado seja exposto, será ostentado na sua cara e você **perderá a vantagem** que Deus deu-lhe como "a mulher da mocidade (dele)" (Provérbios 5:18). Você deve lembrar, o amor "tudo **crê**..." (1 Coríntios 13:7).

Você deve lembrar todas as vezes que esta é uma batalha **espiritual**. Como em todas as guerras, é tolice e perigoso deixar o inimigo saber o que você sabe. Na Bíblia, nenhuma batalha foi vencida através da revelação de informações de Deus. Nem ela diz para revelarmos os movimentos do inimigo. Pelo contrário, a Bíblia nos diz para lutarmos esta guerra como uma guerra espiritual! 1 Timóteo 1:18 diz para "combatermos o bom combate." "...Não militamos segundo a carne" (2 Coríntios 10:3). Somos instruídos, entretanto, a sermos "...sóbrios; vigiai; porque o diabo, vosso adversário, anda em derredor, bramando como leão, buscando a quem possa tragar" (1 Pedro 5:8).

Seu marido e outros estão trabalhando com o inimigo, como escravos, para destruir seu casamento, seu futuro e seus filhos. "Não sabeis vós que a quem vos apresentardes por **servos** para lhe obedecer, sois servos daquele a quem obedeceis, ou do **pecado para a morte**, ou da obediência para a justiça?" (Romanos 6:16). Para vencer esta batalha, **você** deve ser escravo da justiça, não confronte seu marido a respeito de seu pecado ou do que você sabe!!!

Não **tente descobrir onde seu marido está** se ele não lhe deu seu paradeiro! Isto é a proteção de Deus **para você**! Fique quieta, fique em silêncio. Vá para seu quarto de oração e comece a lutar a batalha pelo seu casamento através da oração, de joelhos diante do Senhor.

Deus pode mudar o coração de seu marido, mas você poderá endurecê-lo se abertamente revelar desconfiança, suspeitas e ciúmes! "Como ribeiros de águas assim é o coração do rei na mão do Senhor, que o inclina a todo o Seu querer" (Provérbios 21:1). A outra mulher, então, parecerá a única errada, não você! Todo homem tenta proteger e defender a adúltera quando sua mulher ataca verbalmente (ou fisicamente) a outra mulher. Fique quieta! Evite cometer este erro fatal.

Não aja apressadamente em *qualquer* decisão. Neste momento você não está pensando claramente e, certamente, está agindo mais com a emoção do que com sabedoria. "Assim como não é bom ficar a alma sem conhecimento, peca aquele que se apressa com seus pés" (Provérbios 19:2). "O prudente atenta para os seus passos" (Provérbios 14:15). "Há um caminho que parece direito ao homem, mas o seu fim são os caminhos da morte" (Provérbios 16:25 e Provérbios 14:12). "Tens visto um homem precipitado no falar? Maior esperança há para um tolo do que para ele" (Provérbios 29:20).

"A sorte se lança no regaço, mas do Senhor procede toda a determinação" (Provérbios 16:33). "O sábio teme e desvia-se do mal" (Provérbios 14:16). Não corra para fazer mudanças, como, por exemplo, estabelecer uma "agenda de visitação."

Não seja rápida para começar a obter o divórcio. Deus diz que detesta o divórcio (Malaquias 2:16). Não se mude ou deixe sua casa: "Estava (a mulher alheia) alvoroçada e irrequieta; não paravam em sua casa os seus pés" (Provérbios 7:11). Não siga seus caminhos!

Você procurou seu marido por causa de suas necessidades, medos ou problemas, apenas para *seu marido* deixá-la humilhada ou rejeitá-la? Memorize estas escrituras: "O meu **Deus**, segundo as Suas riquezas, suprirá todas as vossas necessidades" (Filipenses 4:19). "Pereceria sem dúvida, se não cresse que veria a bondade do Senhor na terra dos viventes. Espera no Senhor, anima-te, e Ele fortalecerá o teu coração; espera, pois, **no Senhor**" (Salmos 27:13-14).

"Sendo os caminhos do homem agradáveis ao Senhor, até a seus inimigos faz que tenham paz com ele" (Provérbios 16:7). "A força e a honra são seu (mulher virtuosa) vestido, e se alegrará com o dia futuro" (Provérbios 31:25). Ao invés de suplicar, aproveite esta oportunidade para agradecer a seu marido e o elogie sobre como cuidou de você no passado. Esta é a forma de Deus, chama-se **contentamento**.

Parte de seu problema pode ser sua carreira fora de casa. Uma vez que Deus disse para esperar pelas coisas e fomos em frente e carregamos as coisas, você deve ter "precisado ir ao trabalho." Agora sua casa fica **vazia** enquanto você trabalha, suas crianças estão em creches e seu marido tem seu próprio apartamento. Satanás é um ladrão!

Em breve, você poderá perder a casa que lutou tanto para ter. Permita a Deus salvar sua casa, sua família e seu casamento. (Veja a lição "Os costumes de sua casa" do livro *Uma Mulher Sábia*, para maiores esclarecimentos).

Nunca busque a ajuda ou o suporte de seu marido em suas presentes provações. Não há melhor maneira de afastar seu marido de você do que dizer a ele tudo o que está errado em casa! A razão pela qual ele a deixou foi para 'evitar' os problemas. Ele **nunca** voltará para uma casa que está um caos, nem virá para salvá-la, nunca! Um homem que deixa sua família ou se envolve com outra mulher está concentrado em buscar felicidade. Se você encontrar ajuda através de seu "relacionamento de amor" com o Senhor, como você deve fazer quando os problemas chegarem (e chegarão!), então seu marido voltará correndo para casa!

Você sugeriu ou encorajou seu marido a partir? Nós, do Ministério Restaurar, temos visto muitas esposas que pediram a seus maridos que partissem ou que foram as primeiras a mencionar a palavra "divórcio" num momento de raiva. Quando você planta más sementes, não se surpreenda se acabar em adultério. Palavras tem mais poder do que você pensa. "Mas eu vos digo que de toda a palavra ociosa que os homens disserem hão de dar conta no dia do juízo" (Mateus 12:36).

Se houveram problemas como álcool, drogas ou maus tratos, não acrescente adultério a eles! Talvez você tenha desejado que ele partisse por causa do álcool, das drogas ou dos maus tratos. Ou talvez você apenas sentiu que não se amavam mais. Homens que estão fora de suas casas são considerados "solteiros", mesmo que **não** sejam! Separação é o primeiro passo para o divórcio. E o divórcio é um erro de mudança de vida.

Muitas mulheres mais velhas, ignorantes da destruição da separação, aconselham mulheres jovens a mandarem seus maridos embora ou a não permitirem que eles voltem para casa. As mulheres mais velhas, como está escrito no capítulo 2 de Tito, deveriam **ensinar o que é bom** e encorajar as mais novas a "amar seus maridos, amar seus filhos... serem submissas a seus próprios maridos, para que a Palavra de Deus não seja desonrada".

A separação que é descrita em 1 Coríntios 7:5 só deve ser feita com mútuo consentimento **e** com o propósito de jejuar e orar. Este versículo confirma isto: "E se alguma mulher tem marido (crente ou) descrente, e ele consente em habitar com ela, **não o deixe**" (1 Coríntios 7:13).

Tomando a decisão de se separar ou divorciar, você terá escolhido destruir não apenas a sua vida e a de seu marido, mas também a vida de seus filhos e seu futuro. Seus (futuros) netos, seus pais e seus amigos também sentirão os efeitos devastadores desta decisão egoísta, ignorante e tola.

Ao sugerir que seu marido partisse, você deu aquele primeiro passo para o divórcio. Não é tempo de mudar a direção antes que as coisas vão mais longe? O mundo e o "inimigo" convenceram você de que esta separação ou divórcio vão tornar as coisas melhores, mas isto **é uma mentira!** Se fosse verdade, 8 entre 10 pessoas não se divorciariam no segundo ou subsequente casamento. Mais uma vez, a Bíblia é clara: "Se alguma mulher tem marido descrente e ele consente em habitar com ela, **não o deixe**" (1 Coríntios 7:13).

1. Minha amada

Se seu marido a deixou, você deve parar de importuná-lo, pressioná-lo ou mesmo ficar no seu caminho. Ele só tentará mais fortemente afastar-se de você ou correr para o mal. "Bem-aventurado o homem que não anda segundo o conselho dos ímpios; nem se detém no **caminho** dos pecadores..." (Salmos 1:1). O único bloqueio no caminho deve ser uma "cerca de espinhos" (Oséias 2:6). Você deveria ler o livro de Oséias em sua Bíblia. Nós temos uma oração escrita para você memorizar baseada na cerca de espinhos. (Você irá encontrá-la no Capítulo 17, "Estar na brecha"). Ore sobre ela diariamente *por* seu marido.

Muitos ministros encorajam as mulheres que oram pela restauração de seus casamentos a continuar procurando os maridos que partiram com telefonemas, cartões, cartas e declarações sobre seu "casamento de aliança." *Isto não é Bíblico* e fez com que muitas se tornassem "mulheres que oram pela restauração de seus casamentos por toda a vida"! A Bíblia diz: "...Mas, se o descrente se apartar, **aparte-se**; porque neste caso o irmão, ou irmã, não esta sujeito à servidão; mas Deus **chamou-nos para a paz**" (1 Coríntios 7:15). Se você não o deixar ir, os atritos continuarão. "Bem-aventurado o homem que não anda segundo o conselho dos ímpios, nem **se detém no caminho dos pecadores**..." (Salmos 1:1). Você deve deixar seu marido saber que é livre para partir (baseado em 1 Coríntios 7:15). Isto vai ajudá-lo a parar de fugir correndo, buscando o divórcio ou pulando dentro de outro casamento!

Mas eu já estou divorciada. Nunca é tarde demais, mesmo se um divórcio já tomou lugar. Muitos casam-se novamente com o primeiro conjugue, **depois** de terem se divorciado. "Não te deixes vencer do mal, mas vence o mal com o bem" (Romanos 12:21). Deus pediu especificamente a seu profeta Oséias que casasse novamente com sua esposa Gomer, mesmo depois dela ter sido espalhafatosamente infiel a ele. "Porque ela não é minha mulher e eu não sou seu marido..." (Oséias 2:2). "Então (ela) dirá: Ir-me-ei e tornar-me-ei a meu primeiro marido, porque melhor me ia então do que agora" (Oséias 2:7). "E o Senhor me disse (a Oséias): Vai outra vez, ama uma mulher, amada de seu amigo (marido), contudo adúltera" (Oséias 3:1). Deus usou a história de Oséias e Gomer para mostrar

Seu compromisso com a Sua própria noiva (a Igreja) e Sua forte persistência a respeito do casamento.

Não permita que seus filhos vejam sua dor ou raiva em relação a seu marido. Faça *tudo* que for possível para resguardar seus filhos do que está acontecendo. Isto apenas fará com que eles tenham sentimentos ruins em relação ao pai deles. Não jogue a culpa em seu marido. "Toda mulher sábia **edifica** a sua casa, mas a tola a **derruba** com as próprias mãos." (Provérbios 14:1). "Como ribeiros de águas assim é o coração do rei na mão do Senhor, que o inclina a todo o **Seu** querer" (Provérbios 21:1). Seja cautelosa quanto a direção na qual você está movendo o coração de seus filhos. "E ele converterá o coração dos pais aos filhos, e o coração dos filhos a seus pais; *para que Eu não venha, e fira a terra com maldição*" (Malaquias 4:6). "A glória dos filhos são seus pais" (Provérbios 17:6).

O Senhor permitiu esta provação em sua vida e na vida de seus filhos, por um período, para atraí-los mais para perto Dele, para cumprir Seu trabalho em todos vocês e, então, uni-los novamente para Sua glória! Quando seu marido não estiver por perto para ser culpado, você poderá então olhar para o Senhor. Quando você está mais próxima Dele, Ele pode transformá-la mais semelhantemente à Sua imagem! "Olharam para Ele e foram iluminados e os seus rostos não ficaram confundidos" (Salmos 34:5).

Não permita que seus filhos falem mal do pai deles. Você deve exigir respeito ao pai deles (mesmo se tiverem 5, 15 ou 25 anos!). "Honra a teu pai e a tua mãe" (Êxodo 20:12, Deuteronômios 5:16 e Marcos 7:10). Novamente lembre-se, "Ele converterá o coração dos pais aos filhos e o coração dos filhos a seus pais; para que Eu não venha e fira a terra com maldição" (Malaquias 4:6). Se você tem falado mal acerca do pai deles, primeiro, peça perdão a Deus, depois peça perdão a seu marido e finalmente peça o perdão de seus filhos. "O que encobre as suas transgressões nunca prosperará" (Provérbios 28:13). E então, comece a edificá-lo aos olhos de seus filhos (e aos seus). (Veja o Capítulo 7, "Bondade em sua língua", na seção "Respeitoso", para maiores esclarecimentos).

Lembre, você terá dificuldade para impor respeito pelo pai *deles*, se **você** demonstrar desrespeito ao **seu** marido.

Não permita que seus filhos tornem-se rebeldes. "A criança entregue a si mesma envergonha a sua mãe" (Provérbios 29:15). Ao invés de permitir raiva ou desapontamento, use este momento para ensiná-los a perdoar e a orar por seu pai. Quando a raiva se for, a dor será sentida, então, ensine-os a confiar em Deus por consolo. Este versículo ajudou meu filho de 5 anos (naquela época) quando o memorizou: Deus disse "não te deixarei, nem te desampararei" (Hebreus 13:5). Seus filhos estão confusos agora, portanto dê-lhes direções claras. (Veja a lição 15 "Os ensinamentos de sua mãe", no livro *Uma Mulher Sábia*, para maiores esclarecimentos). Novamente, você terá dificuldades em reforçar isto em seus filhos se **você** demonstrar falta de domínio próprio.

Tome cuidado para não escolher a estrada "mais fácil". Ela pode *parecer* ser a estrada mais fácil, mas no final é a estrada que leva a ainda mais tristeza, provações, dificuldades e mágoas do que a que você está experimentando agora. Nós, que passamos por casamentos difíceis, separação e/ou divórcio, queremos alertá-la sobre quaisquer ideias, livros ou pessoas que tentarão influenciá-la a seguir pelo caminho do mundo, o que sempre termina em desastre! Se o mundo endossa, nós, como cristãos, sabemos que este é o caminho espaçoso que leva à destruição.

Apertado é caminho que leva para a vida e poucos são aqueles que o encontram! "Entrai pela porta estreita; porque larga é a porta e espaçoso o caminho que conduz à perdição, muitos são os que entram por ela; e porque estreita é a porta e apertado o caminho que leva à vida, poucos há que a encontrem" (Mateus 7:13-14). Você deve procurar por aquele caminho apertado em todas as suas decisões, na forma pela qual você fala com os outros e na forma com que você lida com as provações que *surgem* em seu caminho agora ou que surgirão no futuro.

Por favor, seja cuidadosa com o que você lê. Livros cuja fundamentação é a filosofia ou aqueles escritos por psicólogos ou conselheiros matrimoniais encherão sua mente com pensamentos que **não** são das Escrituras. Essas ideias destrutivas que são contrárias aos princípios de Deus causarão que sua restauração ande para trás e não para frente. Seja cuidadosa a respeito de livros que cubram tópicos tais como: "amor difícil", "temperando seu casamento" e aqueles com ensinamentos a respeito de "codependência". Nós temos visto os danos que estas ideias causaram a casamentos e às mulheres que olharam para elas em seu desespero. Ao invés disso, renove sua mente com a Palavra de Deus. Se você meditar em Sua Palavra, Deus promete no Salmos 1 que você prosperará em **tudo** o que você fizer!!

Olhe para Deus e para aqueles de "mesma mentalidade" para encorajá-la a permanecer confiando em Deus por seu casamento. Por favor, vá ao Conselheiro (Palavra de Deus) que é gratuito e poupe seu dinheiro e seu casamento. Deus a quer para Ele! Fique longe dos "profissionais". Todo profissional tem suas formas e crenças. Há milhões de conselheiros matrimoniais e livros escritos a respeito de problemas no casamento. Se eles soubessem todas as respostas, porque há uma epidemia de divórcios, especialmente na igreja?!

Por onde você começa, o que deve fazer? Comece a mover sua casa demolida para a rocha. "Todo aquele, pois, que escuta estas minhas palavras e as pratica, assemelhá-lo-ei ao homem prudente, que edificou a sua casa sobre a rocha; e desceu a chuva, e correram rios, e assopraram ventos, e combateram aquela casa, e não caiu, porque estava edificada sobre a rocha" (Mateus 7:24-25). "Toda mulher sábia edifica a sua casa, mas a tola a derruba com suas mãos." (Provérbios 14:1). "Com a sabedoria se edifica a casa, e com o entendimento ela se estabelece e pelo conhecimento se encherão as câmaras com todos os bens preciosos e agradáveis" (Provérbios 24:3-4).

1. Minha amada

Louve a Deus em *todas* as coisas. "Ofereçamos sempre por Ele, a Deus, **sacrifício** de louvor, isto é, o fruto dos lábios que confessam o Seu nome" (Hebreus 13:15). "Regozijai-vos **sempre** no Senhor; outra vez digo, regozijai-vos" (Filipenses 4:4).

Aprenda verdadeiramente a orar. "E busquei dentre eles um homem que estivesse tapando o muro, e **estivesse na brecha** perante mim por esta terra, para que Eu não a destruísse; porém a ninguém achei" (Ezequiel 22:30). Permanecer na brecha **não** significa ficar no caminho de seu marido!

Leve todo pensamento cativo. "Porque as armas da nossa milícia não são carnais, mas sim poderosas em Deus para destruição das fortalezas, destruindo os conselhos e toda a altivez que se levanta contra o conhecimento de Deus, levando cativo todo o entendimento à obediência de Cristo" (2 Coríntios 10:4-5).

Comece a renovar a sua mente para ser como a mente de Cristo e para olhar para sua situação como Deus olha: de cima. Adquira o livro *Uma Mulher Sábia* e estude através dele com uma amiga. Adquira o "Livro de Promessas da Bíblia" em sua livraria cristã local e coloque-o em seu banheiro. Muitas mulheres usam seu banheiro como seu quarto de oração quando têm filhos ou seu marido em casa. Este é seu lugar de refúgio e você pode debruçar-se sobre Suas promessas para você.

Compre cartões 3x5 e escreva todos os versículos da Bíblia que acha que vão ajudá-la a renovar sua mente, a lutar no Espírito (a Espada do Espírito é a Palavra de Deus), ou a recorrer quando experimentar um ataque de medo, dúvida ou mentiras. Mantenha-os com você todo o tempo e leia-os continuamente. Pare de falar tanto sobre seus problemas, ouça a Deus e leia Sua Palavra. O Salmo 1 dá a você uma promessa: "Antes tem o seu prazer na lei do Senhor e na sua lei *medita de dia e de noite.* Pois será como a árvore plantada junto a ribeiros de águas, a qual dá o seu fruto no seu tempo; as suas folhas não cairão e *tudo quanto fizer* **prosperará**" (Salmos 1:2-3). Falando de forma prática, se você ler esse livro ao ponto dele ficar gasto ou tirar um tempo para fazer os cartões 3x5 com as Escrituras que você precisa, não terá como você evitar meditar em Sua Palavra. Quase todas as mulheres que eu conheci que tiveram o casamento restaurado fizeram umas dessas coisas ou as ambas.

Nenhum casamento é um caso perdido. "Aos homens é isso impossível, mas a Deus tudo é possível" (Mateus 19:26). Novamente, lembre-se que não é verdade que somente você *e* seu marido, juntos, devem procurar ajuda para mudar o casamento. Nós temos visto os bons "frutos" de mulheres que pediram a Deus que mudasse o coração de seus maridos, que trabalhasse neles, e Deus foi fiel. (Leia sobre "Frutos" em Mateus 7:16-20). "E por que reparas tu no argueiro (*cisco*) que está no olho do teu irmão e não vês a trave que está no teu olho? Ou como dirás a teu irmão: Deixa-me tirar o argueiro do teu olho, estando uma trave no teu? Hipócrita, tira primeiro a trave do teu olho e então cuidarás em tirar o argueiro do olho do teu irmão" (Mateus 7:3-5, Lucas 6:41-42). Oramos o seguinte por você: "que você veja claramente como realmente ajudar seu marido sendo uma mulher de Deus, com um espírito manso e quieto, que sorri para o futuro".

Quanto tempo? Muitas mulheres têm perguntado a mim "quanto tempo" seus maridos ficarão longe ou "quanto tempo" sua provação irá durar. Talvez ajude se você pensar nisto como uma jornada. Quanto tempo levará, muitas vezes depende de você. Enquanto Deus mostra a você uma área em que Ele está trabalhando, trabalhe "com Ele". Não se desvie com as coisas de sua vida diária. Satanás trará "os cuidados do mundo" com objetivo de sufocar a Palavra em seu coração. Satanás também trará situações, emergências ou outras crises, que desviarão sua atenção de seu destino, sua família restaurada!

Muito frequentemente nossa jornada parece ter "parado". Apenas dê o próximo passo de obediência. Quando você estiver cansada com a "espera", não perca o ânimo. Este é o tempo que nosso Senhor está usando para alargar nossa fé e focar nossa atenção no trabalho de Deus em nossas vidas. Tudo que é requerido é nossa obediência, que liberará poder espiritual para trabalhar em nosso favor. Não é necessário que Deus nos dê uma explicação detalhada sobre o que

Ele está fazendo. Nós temos que acreditar que Deus está trabalhando com pessoas e situações e arrumando as circunstâncias para o Seu melhor por nós.

Há *mais* ajuda!

Quando as mulheres continuaram a vir até nós cansadas e precisando de esperança, fomos levados a criar uma comunidade em nosso site para dar mais ajuda, apoio, compaixão e orientação para aqueles que procuram restaurar seus casamentos e todos os relacionamentos em suas vidas.

Gostaríamos de convidá-la a se juntar a nossa comunidade. Temos recebido vários relatórios de louvor impressionantes sobre esta área do nosso ministério, e está crescendo de boca em boca. O que é ainda mais interessante é que temos visto mais relacionamentos restaurados regularmente do que jamais pensamos ser possível!

Nós também queremos ajudá-la a encontrar uma e-parceira, que é uma parceira de encorajamento, oração e responsabilidade. As mulheres são unidas com outras mulheres que estão passando pelo mesma ou similar situação e tem um coração para restaurar todas as áreas de suas vidas. Se você gostaria de participar, visite nosso website em:

AjudaMatrimonial.com

Adicionalmente, todos os nossos livros são gratuitos para leitura e impressão em nosso website, e também há a comunidade formada por membros.

Muitas mulheres em sua situação se animaram sobre as mudanças nelas mesmas e em suas situações depois de lerem *Uma Mulher Sábia*, que se mostra fundamental para a sua restauração.

Para te dar mais esperança quando todos continuam dizendo que sua situação não tem esperança, nós temos nosso livro de testemunho *"Pela palavra do seu testemunho"*. Este livro é repleto de testemunhos de casamentos "sem esperança" que Deus miraculosamente restaurou. Se seus parentes, amigos, pastores ou colegas de trabalho pensam que você está ficando louca por acreditar que Deus pode restaurar seu casamento, dê-lhes este livro e observe-os começarem a *encorajá-la* ao invés de *desencorajá-la*!

Temos também um livro, *Perguntas e Respostas*, que provou ser extremamente útil para responder a muitas das perguntas que você pode ter sobre a restauração do casamento. Este livro contém mais de 300 perguntas, que são respondidas através das Escrituras. Neste livro você vai encontrar as respostas para a maioria, se não todas, as perguntas que você pode ter em termos de aplicação dos princípios que você agora está aprendendo.

Nosso recurso mais popular é uma série de vídeos que entra em mais detalhes e lhe dará mais ajuda para responder suas várias perguntas, a série de vídeo "Seja Encorajada". Estes vídeos irão responder a maioria, se não todas, as perguntas que você possa ter agora em termos de aplicação prática dos princípios que você acabou de ler ou vai ler.

Ansiamos pela oportunidade de ajudá-la através de nosso website e de orar por você. Até lá, deixe-me orar por você agora...

"Querido Senhor, por favor, guie esta irmã tão especial durante os problemas em seu casamento. Quando ela desviar-se para a direita e quando desviar-se para a esquerda, que seus ouvidos ouçam atrás delas uma palavra dizendo: Este é o caminho, andai por ele (Isaías 30:21).

Por favor, reassegure-a, quando ela vir mil caírem a sua direita e dez mil a sua esquerda, ajudando-a, a saber, que, se ela seguir a Ti, isto não acontecerá com ela (Salmos 91:7). Esconda-a sob Tuas asas protetoras.

Ajude-a a achar o caminho estreito que irá conduzi-la à vida, a vida abundante que Tu tens para ela e para sua família. Senhor, eu oro por um testemunho, quando este casamento problemático ou partido for curado e restaurado, que Tu possas usar para a Tua glória! Nós Te daremos toda a honra e toda a glória, Amém".

Capítulo 2

O oleiro e o barro

*"...Nós (somos) o barro
e Tu, o nosso oleiro;
e todos nós a obra das Tuas mãos".
—Isaías 64:8*

Quando estamos passando por uma crise em nosso casamento é muito fácil focalizar no que nossos maridos estão fazendo conosco. Enquanto você fizer isto, irá somente debater-se e nunca chegar à vitória. Nós aprenderemos que nossos maridos não são o nosso inimigo no Capítulo 8, "Ganhe sem palavras".

Vamos aprender neste capítulo, que Deus muitas vezes não está mudando o comportamento de nossos maridos, porque Deus está usando as coisas que eles estão fazendo como o Torno do Oleiro e Suas mãos, para moldar-nos mais à Sua imagem. De qualquer forma, se reclamarmos que preferiríamos que Ele usasse outra coisa ou outra pessoa, mas não nossos maridos e nossos casamentos, como o Seu torno, vamos vagar no deserto por anos!

Contender com seu Criador? "Ai daquele que **contende com o seu Criador**! O caco entre outros cacos de barro! Porventura dirá o barro ao que o formou: Que fazes? Ou a tua obra: Não tens mãos?" (Isaías 45:9). Deixe Deus ser Deus. Ao invés de reclamar sobre "como" ou "quem" Ele usa para provocar-nos a finalmente buscarmos a Deus para transformar-nos. Louve-O por Sua fidelidade! Ele está determinado a transformá-la em um lindo vaso, pronto para o **Seu** uso.

Mas você não entende. Muitas mulheres me dizem, quando tento confortá-las ou encorajá-las, que eu "simplesmente não compreendo!". De muitas formas, eu *compreendo*, embora estejam certas de que ninguém, exceto Jesus, realmente compreende. "...Como se o oleiro fosse igual ao barro e a obra dissesse do seu artífice: 'Não me fez; e o vaso formado dissesse do seu oleiro: '**Nada sabe**'" (Isaías 29:16). Fale com Ele acerca de sua situação e permita que Ele dê-lhe paz. Ele sabe o que é melhor para você, então trabalhe com Ele.

Você está em Suas mãos. "Eis que, como o barro na mão do oleiro, assim sois vós **na Minha mão**..." Jeremias 18:6. Não é reconfortante saber que você está nas mãos de Deus? Embora seu marido possa dizer a você que ele não se importa ou tratá-la como se não se importasse, o Seu Deus se importa. De quem mais você precisa? A verdade é que seu marido se importa.

A prescrição de Deus

Deus tem uma prescrição para curar uma nação ou uma família. Ele diz: "E se o Meu povo, que se chama pelo Meu nome, se **humilhar**, e **orar**, e **buscar a Minha face** e **se converter dos seus maus caminhos**, então Eu *ouvirei* dos céus e *perdoarei* os seus pecados e *sararei* a sua terra" (2 Crônicas 7:14).

Deus disse que se nós nos **humilharmos**, se orarmos, se buscarmos Sua face (e não a Sua mão) e nos convertermos de nossos maus caminhos, *Então Ele irá*: ouvir-nos, perdoar-nos e sarar-nos. Ao invés disso, andamos "segundo o conselho dos ímpios" (Salmos 1:1), "confiamos no homem" (Jeremias 17:5) e agora sofremos as consequências, cura superficial! "E curam a ferida da filha de meu povo levianamente" (Jeremias 8:11). "E curam superficialmente a ferida da filha do meu povo, dizendo: Paz, paz; quando não há paz" (Jeremias 6:14).

Ao invés disto, devemos morrer para nós mesmas. "...E ele morreu por todos, para que os que vivem, não vivam mais **para si**, mas **para Aquele** que *por eles* morreu e ressuscitou" (2 Coríntios 5:15).

Somente os humildes

Humilhe-se. Pessoas determinadas e arrogantes compreendem a Palavra de Deus sem o Espírito, mas para conhecermos a mente de Deus necessitamos de **humildade!**

A humildade será testada. "...O SENHOR teu Deus te guiou no deserto estes quarenta anos, para te **humilhar** e te **provar**, para saber o que estava no teu coração, *se guardarias os Seus mandamentos* ou não" (Deuteronômio 8:2).

A humildade irá salvá-la. "Quando te **abaterem**, então tu *dirás*: Haja exaltação! E Deus **salvará** ao **humilde**" (Jó 22:29).

A humildade fortalecerá seu coração. "SENHOR, Tu **ouviste** os *desejos* dos **mansos; confortarás os seus corações**; os *Teus ouvidos estarão abertos* para eles..." (Salmos 10:17).

Somente os humildes serão exaltados. "Depôs dos tronos os poderosos e **elevou** os **humildes**" (Lucas 1:52).

Somente os humildes receberão a graça que necessitam. "Antes, Ele dá maior graça. Portanto diz: 'DEUS RESISTE AOS SOBERBOS, MAS DÁ GRAÇA AOS HUMILDES.' Humilhai-vos perante o Senhor e Ele vos exaltará" (Tiago 4:6 e 10).

A humildade é enraizada no Espírito. "E, finalmente, sede todos harmoniosos, compassivos, fraternais, bondosos e **humildes** *no espírito*..." (1 Pedro 3:8). Sua falsa humildade será manifesta em sua atitude autoconfiante.

Arrogância espiritual. Quase a metade dos que vêm ao nosso ministério, procurando ajuda para a restauração de seus casamentos, exibem arrogância espiritual e autoconfiança. Isto é o que chamo de espírito Farisaico. Mulheres, isto é tão perigoso. Isto *impedirá* Deus de mover seu casamento em direção à restauração e é o que está realmente dirigindo seu marido para longe.

Deus mostrou-me, em Sua Palavra, que Jesus foi duro, crítico e opôs-se a somente um grupo de indivíduos - os Fariseus! E eu fui um deles! Existem muitas mulheres Cristãs que fingem ser espirituais no exterior, mas são imundas em seu interior. Existem tantas mulheres que olham para os pecados de seus maridos, embora sejam negligentes para enxergar a trave em seus próprios olhos. Mulheres, esta fui eu! Eu via meu marido e *seu* pecado de adultério. Entretanto, ninguém podia ver minha controvérsia, minha falsidade ou minha arrogância espiritual.

Os outros viam (e eu mesma via) a mim como a "pobre vítima" que foi abandonada e traída. Mas **eu**, em minha própria justiça, estava desejando perdoar. **Era eu** quem estava desesperadamente tentando manter unida nossa família falida. **Era eu** quem estava esperando, de braços abertos para perdoar meu marido, "o pecador", quando ele voltasse aos seus sentidos, arrependendo-se e voltando para casa vindo do "exílio"! Escriba, Fariseu, "sepulcro caiado"!!!

Se você pode identificar-se com esta mentalidade pecadora e orgulhosa, se esta é você, vou implorar que curve-se sobre seu rosto diante de Deus e peça a Ele para purificá-la desta atitude, que não só inibirá a restauração, como também colocará você em oposição a um relacionamento sincero e íntimo com Deus.

Ore! Comece orando o Salmo 51:2-4: "Lava-me completamente da minha iniquidade e purifica-me do meu pecado. Porque eu conheço as minhas transgressões e o meu pecado está sempre diante de mim. Contra ti, contra ti somente pequei, e fiz o que é mal à tua vista, para que sejas justificado quando falares e puro quando julgares." Há muito mais sobre oração nos últimos dois capítulos deste livro.

Busque a Sua Face. "E se o Meu povo, que se chama pelo Meu nome, se humilhar e orar e **buscar a Minha face...**" (2 Crônicas 7:13). "Buscai ao Senhor e a Sua força, **buscai a Sua face** *continuamente*" (1 Crônicas 16:11). "...**Busquem a Minha face**; estando eles angustiados, de madrugada Me buscarão" (Oséias 5:15).

2. O oleiro e o barro

Eles... estavam radiantes. "**Olharam para ele** e foram **iluminados**; e os seus rostos não ficaram confundidos" (Salmos 34:5). Busque a Sua face! Tantos buscam a Sua mão (o que Ele pode **fazer** por *mim*). Mas, aqueles que buscam a face de Deus herdarão todas as coisas!

Converta-se de seus caminhos maus. "E se o Meu povo, que se chama pelo Meu nome, se humilhar e orar e buscar a Minha face e **se converter dos seus maus caminhos...**" (2 Crônicas 7:13). As Escrituras não são somente para a mente, são para o coração e para a vontade. Para absorver o real impacto das Escrituras, temos que render nossas vidas e nossa vontade à orientação do Espírito. Temos que estar dispostas a nos superar. Temos que render frutos para Ele.

Obedecer é melhor que sacrificar. "Eis que o obedecer é melhor do que o sacrificar e o atender melhor é do que a gordura de carneiros. Porque a rebelião é como o pecado de feitiçaria e o porfiar é como iniquidade e idolatria" (1 Samuel 15:22). Você sabe a coisa certa a fazer, apesar disto você não a faz? Obedeça! "Aquele, pois, que sabe fazer o bem e não o faz, comete pecado" (Tiago 4:17).

Ande no Espírito

Ande no Espírito. Estar cheia do Espírito Santo permitirá que você ande no Espírito, não no pecado ou desejos carnais. Peça a Deus para enchê-la com Seu Santo Espírito agora mesmo! "E porei dentro de vós o **Meu Espírito** e farei que *andeis* nos **Meus estatutos**, e guardeis os **Meus juízos e os observeis**" (Ezequiel 36:27). "Digo, porém: **Andai em Espírito** e não cumprireis a **concupiscência da carne**" (Gálatas 5:16). (Para obter mais informações sobre como ser "cheia do Espírito Santo", assista ou ouça a série "Seja Encorajada". Quando estiver "cheia", você terá um poder que nunca teve antes para seguir rumo a sua vitória na restauração!)

Ore. "E se o Meu povo, que se chama pelo Meu nome, se humilhar e **orar**..." (2 Crônicas 7:13). No curso de encorajamento do Ministério Restaurar, todas as mulheres cujos maridos estão com outras mulheres (om) oraram para que os "úteros delas fossem fechados". Todos foram 'fechados', menos um. Deus usou esta criança como a ferramenta para consertar esta família.

Nós sempre podemos confiar em Deus para fazer com que qualquer coisa se transforme para nosso bem, se "sabemos que todas as coisas contribuem juntamente para o bem daqueles que **amam a Deus**, daqueles que são chamados segundo o **Seu propósito**" (Romanos 8:28).

Qual é a "condição" necessária para ser ouvida?

Adeque seus desejos a vontade Dele. A promessa de Jesus é baseada nesta condição: "Se vós estiverdes em Mim e as Minhas palavras estiverem em vós, pedireis tudo o que quiserdes e vos será feito" (João 15:7). Quando seu coração descansa em Jesus somente e *sua vontade* é centrada na *vontade* Dele, você está realmente fazendo Dele seu Senhor. E saber a Sua vontade é saber a Sua Palavra. É a Sua vontade que seu casamento seja curado. Ele odeia o divórcio e nós devemos ser reconciliados; porém, Ele tem condições.

A condição para toda benção. Cada promessa dada por Deus tem uma condição para aquela benção. Muitos clamarão uma parte das Escrituras, embora omitam as condições ou façam vista grossa a elas.

> **Condição:** "Crê no Senhor Jesus Cristo...
> **Promessa:** e serás salvo" (Atos 16:31).
>
> **Condição:** "Deleita-te também no SENHOR...
> **Promessa:** e te concederá os desejos do teu coração" (Salmos 37:4).
>
> **Condição:** "Educa a criança no caminho em que deve andar...
> **Promessa:** e até quando envelhecer não se desviará dele" (Provérbios 22:6).

Condição: Primeira: "...daqueles que amam a Deus..." segunda: "...daqueles que são chamados segundo o Seu propósito."
Promessa: "E sabemos que todas as coisas contribuem juntamente para o bem..." (Romanos 8:28).

Suas lágrimas são preciosas para Ele

Para quem choramos? Os homens parecem detestar nossas lágrimas. É porque eles não sabem o que fazer quando uma mulher chora ou é porque a mulher tem usado as lágrimas para manipulá-lo tantas vezes que ele mantém-se à distância? O fato de que Deus é um Deus ciumento e de que estas lágrimas pertencem a Ele, pode ser, às vezes, a razão para a indiferença de nossos maridos às nossas lágrimas. "Então clamarás e o Senhor te responderá; **gritarás** e Ele dirá: '**Eis-me aqui**'" (Isaías 58:9). "*Não cesses* de **clamar ao Senhor** nosso Deus por nós..." (1 Samuel 7:8).

Esta vitória pode demorar mais a ser manifestada na carne: Esperamos pelas coisas que **não se veem**. Isto precisará da nossa fé em Deus. Clame a Ele *somente,* não a seu marido! Somente Deus tem poder para transformar sua situação!

Minhas lágrimas. "Já estou **cansado do meu gemido**, *toda* a noite faço nadar a minha cama; molho o meu leito com as minhas **lágrimas**" (Salmos 6:6). "As minhas **lágrimas** servem-me de *mantimento de dia e de noite*" (Salmos 42:3). "Põe as minhas **lágrimas** no Teu odre. Não estão elas *no Teu livro*?" (Salmos 56:8). "Os que semeiam em **lágrimas** segarão com alegria" (Salmos 126:5). "Ainda assim, agora mesmo diz o Senhor: Convertei-vos a Mim de todo o vosso coração; e isso com jejuns e com **choro**, e com **pranto**" (Joel 2:12). Para achar maior comunhão e intimidade com o Senhor, visite nosso site na primeira hora da manhã para ler nosso Devocional Diário, que é escrito especialmente para aquelas que estão com problemas no casamento.

Lágrimas, choro e gemidos. Você deve encontrar e escrever passagens das Escrituras que irão ajudá-la a entender a sinceridade de coração necessária quando clamamos a Deus (especialmente pela salvação de nossos maridos ou por um casamento quebrado ou problemático). Enquanto você as lê, marque aquelas que mexem com seu coração e memorize-as durante seu período de oração, de joelhos, diante de Deus. Nós fomos convocadas a orar, a clamar a Deus.

Compromisso pessoal: de permitir a Deus transformar-me. "Baseado no que aprendi da Palavra de Deus, comprometo-me a permitir que Deus me transforme através de quaisquer meios ou pessoas que Ele escolher. Vou focalizar minha atenção em transformar a mim mesma ao invés de ao meu marido ou aos outros a meu redor".

Data: _____ Assinatura: _____

––––––––––– **Capítulo 3** –––––––––––

Tenha fé

*"E Jesus, respondendo, disse-lhes:
Tende fé em Deus."*
—Marcos 11:22

Você tem fé ou medo?

O medo será um dos grandes ataques que você precisará superar. Romanos 12:21 diz: "Não te deixes vencer do mal, mas vence o mal com o bem". O medo roubará sua fé e irá torná-la totalmente vulnerável ao inimigo. Quando você ouve o que todos estão dizendo a respeito do que seu marido está fazendo ou deixando de fazer, ao invés de manter seus olhos no Senhor e em Sua Palavra, você falhará em focalizar Cristo e começará a afundar!

Tenha fé na habilidade de Deus e em Seu desejo de restaurar seu casamento. Novamente, leia os testemunhos de casamentos restaurados e, então, **acredite** que o seu testemunho será acrescentado a estes!

Um exemplo de fé: Pedro. Leia sobre o comportamento de Pedro em Mateus 14, começando no versículo 22. Jesus pediu a Pedro que andasse sobre a água. Se Ele está pedindo a você que ande sobre a água, você descerá do barco? Observe quando Pedro clama a Jesus - é seguido da palavra **"logo"** (imediatamente). Imediatamente, Jesus falou com ele e disse para ter coragem. Então, mais tarde, quando Pedro começou a afundar e clamou ao Senhor, "logo Jesus, estendendo a mão, segurou-o!" (Mateus 14:31).

Medo. Uma pergunta que devemos fazer a nós mesmas é: 'por que Pedro afundou?'. "Mas, sentindo o vento forte, teve medo" (Mateus 14:30). Se você olhar para sua situação e para a batalha que está acontecendo, afundará! Pedro tirou seus olhos do Senhor e o resultado foi medo! A Bíblia diz que ele "teve medo." Se você tirar seus olhos do Senhor, ficará com medo!

Pelo contrário, olhe para Jesus e *erga-se* acima de sua tempestade. Quando você está em um avião no meio da tempestade, é muito turbulento quando está subindo para acima das nuvens. Mas, uma vez em que o avião esteja acima daquelas nuvens pretas, o voo é mais agradável, o sol está brilhando e você pode praticamente ver e sentir Deus lá! Incrivelmente, daquele ponto de vantagem, as nuvens abaixo são brancas e suaves!

Seu testemunho. Outro ponto muito importante é ver o que aconteceu aos outros que estavam no barco (você esqueceu que havia outros que não saíram do barco?). A Bíblia diz: "Então aproximaram-se os que estavam no barco e adoraram-no, dizendo: És verdadeiramente o Filho de Deus" (Mateus 14:33). Você deseja permitir que Deus use você para revelar Sua bondade, Sua misericórdia, Sua proteção e atrair outros para Ele? Há uma grande recompensa! Isto é evangelismo. Outros virão a você quando estiverem com problemas porque viram sua paz apesar das circunstâncias que enfrenta.

Supere

O vento acalmou. "E, quando subiram para o barco, acalmou o vento" (Mateus 14:32). Sua batalha não durará para sempre. Este teste foi necessário para tornar Pedro forte o suficiente para ser a "Rocha" de quem Jesus falou (Mateus 16:18). Satanás (e outros trabalhando para ele) dirão que você ficará na provação até que 'caia fora' ou desista.

Deus nunca teve a intenção de deixar-nos "no vale da sombra da morte." No Salmo 23 está escrito que nós andaremos **"pelo** vale da sombra da morte". Satanás quer que pensemos que Deus deseja que **vivamos lá**! Ele quer pintar uma imagem de "desesperança"! Deus é a nossa esperança, e esperança é a fé em Sua Palavra que tem sido plantada em nossos corações.

Fé

Abraão. O segundo exemplo é quando Abraão estava com 90 anos e continuava sem o filho que Deus havia prometido. A Bíblia diz que ele "creu contra a esperança" (Romanos 4:18). Isto não é bom? Mesmo quando toda a esperança se foi, ele continuou acreditando em Deus e em Sua Palavra. Nós **temos** que fazer o mesmo.

Aja segundo a fé que você tem. "E Jesus lhes disse: Por causa de vossa pouca fé; porque em verdade vos digo que, se tiverdes **fé como um grão de mostarda**, direis a este monte: Passa daqui para acolá e há de passar; e **nada** vos será impossível" (Mateus 17:20).

Se você carece de fé. Se você carece de fé, deve pedir a Deus. Há uma batalha até mesmo pela nossa fé. "Milita a boa **milícia da fé**..." (1 Timóteo 6:12). E "Combati o **bom combate**, acabei a carreira, guardei a **fé**" (2 Timóteo 4:7). "E **não podia** (Jesus) fazer ali obras maravilhosas; somente curou alguns poucos enfermos, impondo-lhes as mãos. E estava admirado da **incredulidade** deles" (Marcos 6:5-6). Quando o Senhor impuser Suas mãos sobre você e sobre seu casamento, Ele ficará admirado de *sua* incredulidade?

Imitadores da fé. Nós faremos bem se imitarmos aqueles que, na Bíblia, demonstraram fé (você pode encontrar o Corredor da Fé no capítulo 11 de Hebreus). Precisamos agir nas promessas de Deus. "...Mas sejais **imitadores** dos que pela **fé e paciência** *herdam as promessas*" (Hebreus 6:12). Muitas mulheres que seguiram os princípios apresentados neste livro obtiveram vitória em seus casamentos problemáticos ou até destruídos. Seus testemunhos irão encorajá-la na fé. Acredite, como o hino que diz: "O que Ele fez por outros, Ele fará por você!" Leia todos os incríveis testemunhos de casamentos que Deus restaurou em nosso site AjudaMatrimonial.com.

Dúvida destrói

Coração dobre ou duvidoso. Você não deve ser uma mulher de coração dobre. Sua mente não deve hesitar ou duvidar de Deus. "**Peça**-a, porém, **com fé**, *em nada duvidando*; porque o que duvida é semelhante à onda do mar, que é levada pelo vento, e lançada de uma para outra parte. Não pense tal homem que receberá do Senhor alguma coisa. O homem de coração dobre é *inconstante em **todos** os seus caminhos*" (Tiago 1:6-8). "**Odeio** os pensamentos vãos, mas amo a tua lei" (Salmos 119:113).

Se você tem problema de coração dobre, precisa ler e meditar na Palavra de Deus, que é a única verdade! Você *deve* se afastar de *qualquer* pessoa que continue a dizer-lhe coisas contrárias ao desejo de restaurar seu casamento. E você precisa falar a **verdade** com todos sempre sobre sua fé na habilidade de Deus e sobre Seu desejo de restaurar seu casamento.

Fé sem obras. "Mas dirá alguém: Tu tens a fé e eu tenho as obras; mostra-me a tua fé sem as tuas obras e eu te **mostrarei a minha fé *pelas* minhas obras**" (Tiago 2:18). Mostre aos outros que você tem fé através das suas ações. Se você acredita que seu marido vai voltar para casa, aja com tal. Deixe seu lado do armário vazio, seu lado da cama vazio, sua mesa de cabeceira vazia e garanta que você use sua aliança de casamento! "Mas, ó *homem vão*, queres tu saber que **a fé sem as obras é morta**?" (Tiago 2:20). Se você acredita que o que está orando vai acontecer, comece a tratar esta pessoa como se já tivesse sido transformada!

Não vá adiante de Deus. Não se mude. Não compre uma casa pensando que é para você e seu marido quando ele voltar. Ao invés disto, espere neste lado do Jordão - não entre na Terra Prometida sem seu marido! Deus é um Deus de **espera**. A urgência é normalmente utilizada pelo inimigo.

Firme em sua fé. Lembre-se daqueles que superaram e então receberam a vida abundante que Deus prometeu. "Ao qual resisti **firmes na fé**, sabendo que **as mesmas** aflições se cumprem entre os vossos irmãos no mundo" (1 Pedro 5:9). Leia e releia os testemunhos em nosso website e em nosso livro *Pela palavra do seu testemunho*. Guarde estes testemunhos em sua mente. Compartilhe-os com sua família e amigos que duvidam que seu casamento possa ser salvo ou que Deus não é capaz ou não quer transformar o seu marido. (Ele transformou você, não transformou?)

Como aumentar sua fé

A Palavra. Como podemos ganhar ou aumentar nossa fé? "A **fé é pelo ouvir, e o ouvir pela *Palavra* de Deus**" (Romanos 10:17). Leia a Sua Palavra e o testemunho de outros. Cerque-se de **mulheres** fiéis, que creiam junto com você. Aquelas que permaneceram firmes em Deus irão ensiná-la e apoiá-la. Muitas vezes descobrimos que quando você sente como se não tivesse fé, deve compartilhar o pouco que ainda lhe resta. Ligue para alguém que você sinta que precisa de encorajamento e dê-lhe o resto da sua fé. Você desligará o telefone regozijando-se porque Deus a **encherá** de fé. Leia 1 Reis 17:12-15, para lembrar-se da viúva que deu seu último bolo para Elias e o milagre que *ela* recebeu!

Muitos vêm a nós pedindo ajuda e falham em colher um casamento restaurado, porque sentem que são incapazes de plantar na vida de outras pessoas enquanto estão lutando para salvar seus próprios casamentos. Isto não é bíblico e é contrário aos princípios de Deus. Tenha uma Parceira de Encorajamento e ajude-a a restaurar o seu casamento. Ou comece um Curso de Encorajamento em sua casa ou igreja, se você tem habilidade de liderança. Deus usou a mim e a outras poderosamente enquanto ministrávamos a outros em nossa dor e carência, e Deus abençoou nossos esforços com casamentos restaurados!

Obediência. Não esqueça que a obediência a Deus é o modo supremo de alcançar a vitória. Não esqueça o que Jesus disse: "Nem todo o que me diz: Senhor, Senhor! entrará no reino dos céus, mas aquele que faz a vontade de Meu Pai, que está nos céus. E então lhes direi abertamente: Nunca vos conheci; APARTAI-VOS DE MIM, VÓS QUE PRATICAIS A INIQÜIDADE" (Mateus 7:21, 23). Se você *pratica* ou continua fazendo o que agora sabe que é contrário aos princípios bíblicos, seu casamento **não** será restaurado!

Na vontade de Deus. Se seu coração a convence de que não está fazendo a vontade de Deus e que não está seguindo os princípios de Deus, indicados neste livro, então é claro que você não terá confiança e fé para receber seu pedido de Deus. Peça a Deus para "quebrantá-la" até sua vontade se tornar a vontade de Deus.

Você *deve* esperar

Espere pelo tempo de Deus. Deus parece trabalhar em UMA coisa de cada vez. Nós temos que trabalhar **com** Ele, em Seu tempo. Isto não significa que temos que **esperar para orar,** apenas significa que temos que esperar por Deus para mudar a situação no tempo certo. Graças a Deus que Ele não atira (através do convencimento) todos os meus pecados em cima de mim de uma só vez! Apenas use o tempo enquanto você espera para orar. Muitas vezes a batalha continuará, a seu favor. Podem haver muitas batalhas que temos que lutar (e vencer) na guerra por nossos casamentos. Lembre-se, "Quando a batalha é do Senhor, a vitória é nossa!".

Temos o conforto de saber que Ele nos ouve imediatamente, mas a resposta pode parecer lenta. No livro de Daniel, um anjo falou com ele e deu-nos este *conhecimento*: "...Desde o primeiro dia em que **aplicaste o teu coração** a compreender e a **humilhar-te** perante o teu Deus, *são ouvidas as tuas palavras*; e eu vim por causa das tuas palavras. Mas o príncipe do reino da Pérsia me resistiu **vinte e um dias**" (Daniel 10:12-13). Pode levar algum tempo para vencer as batalhas, portanto, não fique cansada. "E vós, irmãos, não vos canseis de **fazer o bem**" (2 Tessalonicenses 3:13).

Compromisso pessoal: permitir a Deus transformar-me. "Baseado no que aprendi sobre a Palavra de Deus, comprometo-me a buscar a Deus e a Sua Palavra para aumentar a minha fé em Sua habilidade para restaurar meu casamento. Vou combater o medo, colocando meus olhos em Jesus, o Autor e Consumador da minha fé".

Data: _____ Assinatura: _____

Capítulo 4

Várias provações

"Meus irmãos, tende grande gozo quando cairdes em várias tentações; sabendo que a prova da vossa fé opera a paciência".
—*Tiago 1:2-3*

Qual é o propósito de **Deus** em nossas provações e tribulações? Muitos Cristãos não têm nem ideia de porque Deus permite nossos sofrimentos. Sem este entendimento, é de se surpreender que os Cristãos hoje em dia sejam tão facilmente derrotados? Veremos que há muitos *benefícios* que vêm das nossas provações e testes, especialmente o desenvolvimento da nossa fé e da perseverança necessária para completar o caminho a nossa frente.

A coisa mais importante para compreendermos durante nossas provações, tribulações, testes e tentações é que Deus **está** no controle! É a **Sua** mão que permite que estas provações toquem ou não toquem as nossas vidas. Quando Ele as permite, Ele envia a Sua graça, que nos capacita a suportá-las.

Permissão para a adversidade. O mais confortante a saber é que Satanás não pode nos tocar sem a permissão de Deus. "E disse o Senhor a Satanás: Eis que tudo quanto ele tem está na tua mão; somente **contra ele não estendas a tua mão**" (Jó 1:12). Satanás não apenas precisa de permissão, mas também recebe instruções específicas sobre como pode tocar-nos. "Disse também o Senhor: Simão, Simão, eis que Satanás vos pediu para vos cirandar como trigo..." (Lucas 22:31).

Tentações. As tentações que experimentamos são comuns aos homens, como a Escritura diz, porém Deus provê um meio de escape. "Não veio sobre vós tentação, **senão humana**; mas fiel é Deus, que não vos deixará tentar acima do que podeis, antes com a **tentação**

dará também o **escape**, *para que a possais **suportar***" (1 Coríntios 10:13). Ele não irá tirá-la do fogo até que você esteja desejosa por andar nele, através dele e suportá-lo!

As tentações são trazidas pelas nossas próprias concupiscências. A concupiscência (cobiça) é simplesmente aquilo que NÓS queremos. Também Deus não nos tenta a fazer o mal, mas, ao contrário, é a nossa concupiscência que nos tenta a fazer aquilo que sabemos que não deveríamos! "Ninguém, sendo tentado, diga: **De Deus sou tentado**; porque Deus não pode ser tentado pelo mal, e a ninguém tenta. Mas cada um é tentado, quando atraído e **engodado pela sua própria concupiscência**" (Tiago 1:13-14). Mulheres são surpreendidas pela cobiça de seus maridos (adultério, drogas, álcool ou pornografia), porém falham em ver a sua própria cobiça por comida, compras ou até mesmo casamentos! Cobiça é cobiça, um desejo pelo que *queremos*!

Nós estamos em Suas Mãos. "Deveras todas estas coisas considerei no meu coração, para declarar tudo isto: que os justos e os sábios, e as suas obras, estão **nas mãos de Deus**" (Eclesiastes 9:1). Nós cometemos o erro dos tolos ao tentar obter dos outros, especialmente de nossos maridos, as coisas que precisamos, quando *tudo* que recebermos virá do Senhor!

"Muitos buscam o favor do poderoso, mas o **juízo** de cada um vem **do Senhor**" (Provérbios 29:26).

"Prepara-se o cavalo para o dia da batalha, porém **do Senhor vem a vitória**" (Provérbios 21:31).

"A sorte se lança no regaço, mas **do Senhor procede toda a determinação**" (Provérbios 16:33).

"Como ribeiros de águas assim é o **coração** do rei **na mão do Senhor**, que o inclina a todo o Seu querer" (Provérbios 21:1).

Arrependimento e salvação. "Agora folgo, não porque fostes contristados, mas porque fostes contristados para arrependimento; pois fostes contristados **segundo Deus**; de maneira que por nós não padecestes dano em coisa alguma. Porque a tristeza **segundo Deus** opera **arrependimento para a salvação, da qual ninguém se arrepende**; mas a tristeza do mundo opera a morte" (2 Coríntios 7:9-10). Deus nos permite sofrer para levar-nos ao arrependimento. Quando tentamos fazer com que nossos maridos (e outros) arrependam-se do que fizeram, este esforço não traz o verdadeiro e genuíno arrependimento, pelo contrário, **endurecerá** seus corações contra nós e contra Deus!

Nós precisamos de graça. "E disse-me: A Minha **graça** te basta, porque o Meu poder se aperfeiçoa na fraqueza. De boa vontade, pois, me gloriarei nas minhas fraquezas, para que em mim habite o poder de Cristo. Por isso **sinto prazer** nas **fraquezas**, nas **injúrias**, nas **necessidades**, nas **perseguições**, nas **angústias** por amor de Cristo. Porque quando estou fraco então sou forte" (2 Coríntios 12:9-10). Você *nunca* verá a restauração enquanto não demonstrar contentamento em suas provações.

Maravilhosa graça

Como obtemos a graça que precisamos para passar por nossas tribulações? Através da humildade.

"Deus resiste aos soberbos, mas **dá graça** aos **humildes**" (Tiago 4:6).

"Qualquer que a si mesmo se exalta será **humilhado**, e qualquer que a si mesmo se **humilha** será exaltado" (Lucas 18:14).

"Bem-aventurados os **mansos**, porque eles herdarão a terra" (Mateus 5:5).

"A soberba do homem o abaterá, mas a honra sustentará o **humilde de espírito.**" (Provérbios 29:23).

Reconhecermos nossas fraquezas, confessarmos nossas faltas e sermos humildes, isto permitirá que o Espírito Santo habite em nós. Então aprenderemos o contentamento, não importa quais sejam as circunstâncias. Uma vez que estejamos contentes, Deus poderá conceder o que temos buscado: nossos maridos de volta!

Aprendendo contentamento. Vemos que precisamos *aprender* contentamento através das circunstâncias difíceis que Deus permitiu. "Não digo isto como por necessidade, porque já **aprendi** a **contentar-me** com o que tenho. Sei estar abatido e sei também ter abundância; em toda a maneira e em todas as coisas **estou instruído**, tanto a ter fartura, como a ter fome; tanto a ter abundância, como a padecer necessidade" (Filipenses 4:11).

Aprendendo obediência. Até mesmo Jesus aprendeu obediência através de Seus sofrimentos. "Ainda que era Filho, *aprendeu* a *obediência,* por aquilo que **padeceu**" (Hebreus 5:8).

Ele nos aperfeiçoará. "Tendo por certo isto mesmo, que aquele que **em vós começou a boa obra** a **aperfeiçoará** até ao dia de Jesus Cristo" (Filipenses 1:6). Uma vez que Ele tenha começado a boa obra em você (e em seu marido e seus amados), **Ele** a completará. E, por favor, não tente ser o "espírito santo" para seu marido!

Nós devemos ser um consolo para os outros. Não devemos meramente receber consolo de Deus, somos orientados a consolar outros, não importa quais sejam suas aflições! "Bendito seja o Deus...de toda a consolação; que nos consola em toda a nossa tribulação, para que também possamos **consolar** os que estiverem **em alguma tribulação**, com a consolação com que nós mesmos somos consolados por Deus" (2 Coríntios 1:3-4).

A disciplina de nosso Pai. Muitas vezes nosso sofrimento é disciplina e correção por desobedecermos as Leis de Deus. "Filho meu, não desprezes a **correção** do Senhor, e não desmaies quando por ele fores repreendido. Porque o Senhor **corrige** o que ama, e (disciplina) a *qualquer* que recebe por **filho**. Se **suportais** a **correção**, Deus vos trata como filhos; porque, que filho há a quem o pai não corrija? ...Além do que, tivemos nossos pais segundo a carne, para nos corrigirem, ...aqueles, na verdade, por um pouco de tempo, nos **corrigiam** como bem lhes parecia; mas Este, para nosso proveito, para sermos **participantes da *Sua santidade****"* (Hebreus 12:5-10). Quando uma provação acontecer em seu dia, pergunte-se: 'Isto é Deus me disciplinando ou Ele está me testando para ver como vou reagir?'

A disciplina é uma benção. Nós temos que seguir o exemplo dos profetas da Bíblia para ajudar outros a suportarem suas adversidades. "Meus irmãos, tomai por exemplo de aflição e paciência os profetas que falaram em nome do Senhor. Eis que temos por **bem-aventurados** os que **sofreram**. Ouvistes qual foi a **paciência** de Jó, e vistes o fim que o Senhor lhe deu; porque o Senhor é muito misericordioso e piedoso" (Tiago 5:10-11).

Para receber uma benção. Quando nos fazem mal ou nos insultam, temos que suportar o mal, sem retorná-lo, para recebermos nossa benção. Temos que lembrar que injúrias e males são trazidos para nossas vidas para dar-nos uma "oportunidade" de recebermos uma benção. 1 Pedro 3:9 diz: "Não tornando mal por mal, ou injúria por injúria; antes, pelo contrário, **bendizendo**; sabendo que para isto fostes chamados, para que por herança alcanceis a **bênção**". "Mas também, se padecerdes por amor da justiça, sois **bem-aventurados**. E não temais com medo deles, nem vos turbeis" (1 Pedro 3:14). Se você continua a responder com outro insulto ou outro mal, não espere ser abençoada.

A disciplina pode ser pesarosa. A disciplina nunca é alegre quando você está no meio dela. Entretanto, aqueles que foram treinados pela Sua disciplina conhecem as recompensas da justiça, paz e um casamento restaurado. "E, na verdade, toda a **correção**, ao presente, não parece ser de gozo, senão de tristeza, mas depois produz um fruto pacífico de justiça nos **exercitados** por ela" (Hebreus 12:11).

Isto começa com os Cristãos. Porque o sofrimento precisa começar pelos Cristãos? Porque Cristãos desobedientes e pecadores não levam outros a Cristo. Novamente, é a "vontade de Deus" que passemos por sofrimentos. Precisamos nos *permitir* sofrer (geralmente nas mãos de outros, até mesmo nossos próprios maridos), confiando nossas vidas a Deus. "Porque já é tempo que **comece** o julgamento pela casa de Deus; e, se primeiro **começa** por nós, qual será o fim daqueles que são desobedientes ao evangelho de Deus? ...Portanto também os que **padecem** segundo a vontade de Deus encomendem-lhe suas almas, como ao fiel Criador, fazendo o bem" (1 Pedro 4:17 e 19).

O poder da nossa fé. É a nossa fé que abre a porta para os milagres. Você precisa acreditar que Ele é capaz de restaurar seu casamento e não duvidar em seu coração. "E Jesus, respondendo, disse-lhes: Tende **fé** em Deus. Porque em verdade vos digo que qualquer que disser a este monte: Ergue-te e lança-te no mar, e **não duvidar em seu coração**, mas **crer** que se fará aquilo que diz, tudo o que disser lhe será feito. Por isso vos digo que todas as coisas que pedirdes, orando, crede receber, e tê-las-eis" (Marcos 11:22-24).

Deus em Sua Palavra disse que *sofreríamos.* "Pois, estando ainda convosco, vos *predizíamos* que havíamos de *ser afligidos,* como sucedeu e vós o sabeis. Portanto, não podendo eu também esperar mais, mandei-o saber da vossa **fé**, temendo que o tentador vos tentasse e o nosso trabalho viesse a ser inútil" (1 Tessalonicenses 3:4-5). O que aconteceu no seu casamento *não* é um sinal de que ele acabou. É o que Deus usou para chamar a sua atenção e está agora usando para transformá-la. Não desista! Não deixe Satanás roubar o milagre que Deus tem para você quando tiver perseverado e prevalecido!

Com Deus. "Aos homens é isso impossível, mas a Deus **tudo é possível**" (Mateus 19:26). "Jesus, porém, olhando para eles, disse: Para os homens é impossível, mas não para Deus, porque **para Deus todas as coisas são possíveis**" (Marcos 10:27). Nada **(nenhuma coisa)** é impossível para Deus. Trabalhe **com Deus**. Não tenha o *seu* plano e espere que Deus o abençoe. Você deve trabalhar *com* **Deus**. Ele não trabalhará com você.

4. Várias provações

O que você fala. "...Retenhamos firmemente a nossa confissão" (Hebreus 4:14). "Antes, santificai ao Senhor Deus em vossos corações e **estai sempre preparados** para responder com mansidão e temor a *qualquer que vos pedir* a razão da **esperança que há em vós**" (1 Pedro 3:15). "Eis que o nosso Deus, a quem nós servimos, é que nos **pode livrar**; ele nos livrará da fornalha de fogo ardente, e da tua mão, ó rei. E, **se não**, fica sabendo ó rei, que não serviremos a teus deuses..." (Daniel 3:17). Devemos falar o que Deus diz em Sua Palavra, sem hesitação, com esperança em nossos lábios. Mas espere ser perguntada para falar sobre a sua esperança. **Virão** perguntar a você, se estiver cheia da alegria do Senhor no meio de sua adversidade! Quando perguntarem sobre sua esperança a respeito de seu casamento, garanta que você responda com mansidão, respeito e gentileza. Nunca use a Bíblia para discutir com ninguém!

Nota: Se for o seu marido a perguntar, lembre-se, ele será ganho "sem nenhuma palavra"!

Cerque sua mente e esteja fixada. "Portanto, **cingindo** os lombos do vosso entendimento, sede **sóbrios** e **esperai** inteiramente na graça que se vos ofereceu na revelação de Jesus Cristo" (1 Pedro 1:13). Sobriedade significa pensamento claro. Esteja claro em sua mente o que você realmente acredita, para evitar as consequências da dúvida.

Seja cheia de alegria. Devemos nos alegrar em nossas provações, porque sabemos que produzem a paciência que nos permitirá completar o caminho proposto a nós. "Meus irmãos, tende grande gozo quando cairdes em **várias tentações**, sabendo que a **prova da vossa fé** opera a **paciência**. Tenha, porém, a **paciência** a sua obra perfeita, para que sejais perfeitos e completos, sem faltar em coisa alguma. E, se algum de vós tem falta de sabedoria, peça-a a Deus, que a todos dá liberalmente e o não lança em rosto, e ser-lhe-á dada. Peça-a, porém, **com fé, em nada duvidando**; porque o que duvida é semelhante à onda do mar, que é levada pelo vento, e lançada de uma para outra parte" (Tiago 1:2-6).

Esteja preparada, a sua fé *será* testada! Medo e dúvida vêm à mente de qualquer um, apenas não os acolha! Ao invés, pense apenas coisas boas. Se você duvidar, terá problemas para acreditar e as provações ficarão mais pesadas. E lembre-se, teremos uma "variedade" de provações, algumas maiores e outras meras irritações. Precisamos agradecer a Deus por *todas* as nossas provações. Este é nosso sacrifício de louvor.

Regozijai. "*Regozijai-vos* sempre no Senhor; outra vez digo, *regozijai-vos*. **Seja a vossa equidade notória a todos os homens**. Perto está o Senhor. Não estejais inquietos por coisa alguma; antes as vossas petições sejam em tudo conhecidas diante de Deus pela oração e súplica, com **ação de graças**. E a paz de Deus, que excede todo o entendimento, guardará os vossos corações e os vossos sentimentos em Cristo Jesus. Quanto ao mais, irmãos, tudo o que é verdadeiro, tudo o que é honesto, tudo o que é justo, tudo o que é puro, tudo o que é amável, tudo o que é de boa fama, se há alguma virtude e **se há algum louvor**, nisso pensai. O que também aprendestes e recebestes, e ouvistes e vistes em mim, **isso fazei**; e o Deus de paz será convosco" (Filipenses 4:4-9).

Claramente a maior parte das batalhas são vencidas ou perdidas na mente. Siga o conselho do Senhor pela paz no meio da provação para ganhar a vitória sobre ela, **louve** ao Senhor no meio dela! Alegre-se pelo que você *sabe* que Ele está fazendo. Então, pense nisto, fale disto, ouça somente a isto. Muitas vezes, amigos íntimos ligam para dizer o que seu marido está para fazer. Estes normalmente não são "bons relatórios" e frequentemente não são amáveis, puros ou verdadeiros, então não ouça!

Fé *não* é ver. Frequentemente mulheres escrevem para mim porque estão procurando por sinais de melhora em seus casamentos ou na atitude de seus maridos em relação a elas. Você deve lembrar que a Bíblia é muito clara: fé **não se vê**!

Quando outros perguntam a você sobre sua situação, responda: "Louvado seja o Senhor, Deus está trabalhando!"

4. Várias provações

"Por isso não desfalecemos; mas, ainda que o nosso homem exterior se corrompa, o interior, contudo, se renova de dia em dia. Porque a nossa **leve e momentânea tribulação** produz para nós um peso eterno de glória mui excelente. Não atentando nós nas coisas que se veem, mas nas que **se não veem**; porque as que se veem são **temporais** e as que **se não veem são eternas**" (2 Coríntios 4:16-18).

Fé é... *não* ver. Quando você está experimentando o que Paulo chama de "leve tribulação", isto pode continuar quebrantando o seu coração e ser *muito* doloroso. Lembre-se da verdade mais importante: estas tribulações serão apenas **momentâneas**! E estas mesmas aflições não são apenas temporárias, estão produzindo algo maravilhoso para você, estão lhe preparando para um novo e maravilhoso casamento. Lembre, o sofrimento é temporário, mas os benefícios durarão pela eternidade! "Ora, a **fé** é o firme fundamento das coisas que se esperam, e a prova das coisas que se *não* **veem**" (Hebreus 11:1).

Andamos por fé, não por vista. Muitas pessoas começam a acreditar quando "começam a ver alguma coisa acontecendo", mas isto não é fé! "Porque andamos por fé, e **não por vista**" (2 Coríntios 5:7).

Olhando para nossas circunstâncias. Quando Pedro olhou para suas circunstâncias ele afundou, e você afundará também. "E ele disse: Vem. E Pedro, descendo do barco, andou sobre as águas para ir ter com Jesus. Mas, **vendo o vento forte**, teve medo; e, começando a ir para o fundo, clamou, dizendo: Senhor, salva-me! E logo Jesus, estendendo a mão, segurou-o, e disse-lhe: Homem de pouca fé, por que duvidaste?" (Mateus 14:29-31).

Para nosso teste. Provavelmente a lição mais importante em nossa luta por nossas famílias e casamentos é ser capaz de passar no teste, o teste da nossa fé na Sua Palavra, e não ser influenciada pelas emoções ou falsas declarações feitas por outros. "Meus irmãos, tende grande gozo quando cairdes em várias tentações, sabendo que a **prova da vossa fé** opera a paciência. Tenha, porém, a **paciência** a sua obra perfeita, para que sejais perfeitos e completos, sem faltar em coisa alguma" (Tiago 1:2-4). Quando você for aperfeiçoada e seu refinamento completar-se, *então* verá seu marido em casa!

Provada pelo fogo. "Em que vós grandemente vos alegrais, ainda que agora importa, sendo necessário, que estejais por um pouco contristados com várias tentações. Para que a prova da vossa fé, muito mais preciosa do que o ouro que perece e é **provado pelo fogo**, *se ache em louvor, honra e glória* na revelação de Jesus Cristo" (1 Pedro 1:6-7).

Muitas falharam em seus testes e continuaram a andar no deserto como o povo de Israel, porque faltou-lhes fé. Elas murmuraram e queixaram-se, o que levou à rebelião. A prova da sua fé, que é um coração cheio de fé e contentamento em sua circunstância *atual*, é mais preciosa que o ouro.

Mantenha a fé. Não mude para outro plano quando as coisas ficarem difíceis, não comprometa o que você começou a fazer. Satanás é conhecido por trazer novas (e erradas) soluções para nossas provações. Discernir e decidir manter-se no caminho certo é o teste que temos que continuar a passar. "Combati o bom combate, *acabei a carreira,* **guardei a fé**. Desde agora, a coroa da justiça me está guardada..." (2 Timóteo 4:7-8).

Se você tem andado com o Senhor por algum tempo e está ficando cansada, peça a Deus para enviar outra mulher que vá ajudá-la a não **desistir** de seu compromisso. "Melhor é serem dois do que um, porque têm melhor paga do seu trabalho. Porque se um cair, o outro levanta o seu companheiro; mas ai do que estiver só; pois, caindo, não haverá outro que o levante. Também, se dois dormirem juntos, eles se aquentarão; mas um só, como se aquentará? E, se alguém prevalecer contra um, os dois lhe resistirão; e *o cordão de três dobras não se quebra tão depressa"* (Eclesiastes 4:9-12). Aqui estão alguns exemplos de cordões de três dobras encontrados na Bíblia:

Moisés, Arão e Hur: "Porém as mãos de Moisés eram pesadas, por isso tomaram uma pedra e a puseram debaixo dele, para assentar-se sobre ela; e Arão e Hur sustentaram as suas mãos, um de um lado e o outro do outro; assim ficaram as suas mãos firmes até que o sol se pôs" (Êxodo 17:12). Veja também **Sadraque, Mesaque** e **Abednego** no livro de Daniel, capítulo 3. Você, apenas *uma* amiga e o Senhor são um *poderoso* cordão de três dobras!!!

Uma rápida referência para provações e tribulações

Deus é o Único no controle, não o homem e *não* o diabo!

1. A Justiça vem do Senhor (Provérbios 29:26).
2. A Resposta vem do Senhor (Provérbios 16:1).
3. Coração é direcionado pelo Senhor (Provérbios 21:1).
4. Suas Obras estão nas mãos de Deus (Eclesiastes 9:1).
5. Deus fez isto (Salmos 44:9-15).
6. Deus levanta o vento tempestuoso (Salmos 107:1-32).
7. Deus removeu o companheiro e amigo (Salmos 88:18).

O que nossas provações fazem *por* nós?

1. O poder de Cristo habitará em nós (2 Coríntios 12:9-10).
2. Nós aprenderemos a estarmos contentes (Filipenses 4:9).
3. Receberemos uma recompensa (2 Timóteo 4:7-19).
4. Não teremos falta de nada (Tiago 1:2-4).
5. Ele nos capacitará a consolar outros (2 Coríntios 3:1-4).
6. Ele aperfeiçoará o que começou em nós (Filipenses 1:6-13).
7. Nós teremos nossos amados de volta (Filemom 1:15).
8. Alcançaremos misericórdia (Hebreus 4:15).
9. Aprenderemos obediência (Hebreus 5:7-8).
10. Produzirão paciência (Tiago 1:2-4).
11. Receberemos a coroa da vida (Tiago 1:12).
12. Provaremos nossa fé (1 Pedro 1:6-7).
13. Seguiremos os passos de Jesus (1 Pedro 2:21).
14. Seremos coparticipantes de Seus sofrimentos (1 Pedro 3:13).
15. Seremos aperfeiçoados, confirmados, fortalecidos e estabelecidos (1 Pedro 5:10).

Peça a Deus por orientação durante *cada* provação. "Confia no Senhor de todo o teu coração e não **te estribes** no teu próprio entendimento. Reconhece-o em todos os teus caminhos e Ele endireitará as tuas veredas" (Provérbios 3:5-6).

Vamos clamar a **Ele** por força, chegar-nos mais a **Ele** no tempo de necessidade. Permitamos a **Ele** disciplinar-nos, provar-nos e testar-nos. Alegremo-nos sempre em *todas as coisas,* não apenas nas boas, mas também nos problemas que surgem em nosso caminho. Mantenhamos nossa esperança perto de nossos lábios e fiquemos firmes em nossas mentes. Lembremos sempre que é a *vontade* de **Deus** que enfrentemos estes tempos difíceis e eles são para o nosso bem!

"Regozijando-se de terem sido julgados dignos de padecer afronta pelo nome de Jesus" (Atos 5:41).

"Se alegrará com o dia futuro" (Provérbios 31:25).

"E sabemos que todas as coisas contribuem juntamente **para o bem** daqueles que **amam a Deus**, daqueles que são chamados segundo o **Seu propósito**" (Romanos 8:28).

Compromisso pessoal: considerar como motivo de alegria quando eu passar por várias provações. "Baseado no que aprendi da Palavra de Deus, comprometo-me a permitir o teste da minha fé para ajudar a desenvolver minha perseverança. E permitirei que a perseverança produza seu resultado perfeito, para que eu seja aperfeiçoada e completa, não tendo falta de nada".

Data: _____ Assinatura: _____

Capítulo 5

Seu primeiro amor

*"Tenho, porém, contra ti que
deixaste o teu primeiro amor".*
—Apocalipse 2:4

Você deixou o seu primeiro amor? Quem é o seu primeiro amor? Seu marido era o seu primeiro amor? Eram o seu bebê ou suas crianças os primeiros em sua vida, acima de seu marido e do Senhor? Ou sua carreira vinha em primeiro lugar? Quem realmente é o **primeiro** em sua vida? "Quem ama o pai ou a mãe mais do que a mim não é digno de mim e quem ama o filho ou a filha mais do que a mim não é digno de mim" (Mateus 10:37). A Bíblia diz em Apocalipse 2:4: "Tenho, porém, contra ti que deixaste o teu **primeiro amor**".

O que nosso Senhor está nos dizendo? Está dizendo que, sempre que colocamos alguém ou alguma coisa acima de nosso amor ou de nosso relacionamento com Ele, então não somos dignos de Seu Amor.

Busque primeiro. Você deve colocar o Senhor no topo de suas prioridades, como o primeiro em seu dia e em seu coração. "Mas, **buscai primeiro** o reino de Deus e a Sua justiça, e todas estas coisas vos serão acrescentadas" (Mateus 6:33).

Trapos imundos. Pergunte-se estas questões: As coisas que eu coloco como prioridades têm valor eterno? O que faço hoje ajudará a ampliar o Seu reino? Estou buscando a Sua justiça ou tentando exibir minha própria justiça? Lembre-se, a nossa justiça é como um **trapo imundo!** (Isaías 64:6).

O que acontece quando você põe alguém acima do Senhor? O que Ele faz para atraí-la de volta para Ele? Se você colocou seu marido acima do Senhor, então foi o Senhor que o tirou de você. "Alongaste (afastaste) de mim os meus conhecidos, puseste-me em extrema abominação para com eles. Estou fechado e não posso sair. Desviaste para longe de mim amigos e companheiros, e os meus conhecidos estão em trevas" (Salmos 88:8 e 18). E não coloque a restauração de seu casamento como a prioridade da sua vida, você **deve** colocar o **Senhor** como a prioridade da sua vida!

Isto significa que não devemos ligar para o que nossos maridos querem ou precisam? Devemos ter uma atitude do tipo: "Servimos ao Senhor, não a você"? Deus nos ensina o perfeito equilíbrio em Sua Palavra. "Vós, mulheres, sujeitai-vos a vossos maridos, **como ao Senhor**" (Efésios 5:22). "Vós, mulheres, estai sujeitas a vossos próprios maridos, **como convém no Senhor**" (Colossenses 3:18). Quando nos sujeitamos a nossos maridos, estamos fazendo isto **para o Senhor!** Mesmo que, e especialmente quando, sentirmos que nossos maridos não merecem a honra que lhes damos, podemos descansar *sabendo* que nos submetemos graciosamente a nossos maridos pelo Senhor, que merece nossa submissão a Ele e a Sua Palavra!

A Palavra do Senhor não deve ser blasfemada. O Senhor até nos adverte de que não obedecer ou honrar a nossos maridos desonrará, e até blasfemará, o Senhor e Sua Palavra. "...Sujeitas a seus maridos, a fim de que a **Palavra de Deus não seja blasfemada**" (Tito 2:5).

Agradando ao Senhor. Devemos buscar agradar ao Senhor, ao invés de tentar agradar a nossos maridos. Então o Senhor nos levará a alcançar favor de nossos maridos. "Sendo os caminhos do homem **agradáveis ao Senhor**, até a seus inimigos faz que tenham paz com ele" (Provérbios 16:7). "Enganosa é a beleza e vã a formosura, mas a mulher que teme ao Senhor, essa sim será louvada" (Provérbios 31:30). "Deleita-te também no Senhor, e te concederá os desejos do teu coração" (Salmos 37:4).

Obediência ao invés de sacrifícios

Obedecer é melhor do que sacrificar. "Eis que o **obedecer é melhor do que o sacrificar**; e o atender melhor é do que a gordura de carneiros. Porque a rebelião é como o pecado de feitiçaria, e o porfiar é como iniquidade e idolatria. Porquanto tu rejeitaste a Palavra do Senhor, Ele também te rejeitou a ti..." (1 Samuel 15:22-23). "Fazer justiça e juízo é mais aceitável ao Senhor do que sacrifício" (Provérbios 21:3).

Sua aparência externa. Mesmo que sua aparência externa engane os outros a pensar que você é submissa, Deus conhece o seu coração! "Não atentes para a sua aparência...porque o tenho rejeitado; porque o Senhor não vê como vê o homem, pois o homem vê **o que está diante dos olhos**, porém o Senhor olha para o coração" (1 Samuel 16:7). Meu marido e todas as pessoas pensavam que eu era uma esposa extremamente submissa. Até eu estava enganada. Mas Deus sabia que ser abandonada era tudo que eu precisava.

Há uma história de um garotinho cujo pai continuamente pedia que ele 'se sentasse'. Finalmente o garotinho se sentou e o pai sorriu. Mas o garoto logo exclamou: 'Posso estar sentado exteriormente, mas, dentro de mim, estou de pé!' Muitas vezes estamos de pé em nosso interior. Muitas vezes, depois que faz o certo e segue o plano de seu marido, você exclama: "Mas eu não concordo!" ou sua atitude diz a ele que você não concorda. *Você já fez isto? Este tem sido o seu tipo de "imitação" de submissão a seu marido?*

Você também colherá o que tiver plantado. Se você foi rebelde com seus pais antes de se casar, provavelmente continua a ser rebelde com seu marido. Para completar, você casou com um rebelde. E agora seu marido se tornou ainda mais rebelde do que quando vocês se casaram, justamente como você. Ele agora se rebela contra toda sabedoria e levou esta rebeldia tão longe a ponto de rebelar-se contra seu compromisso de ser fiel a você!

Nada é impossível. "Porque o marido descrente é santificado pela mulher" (1 Coríntios 7:14). Sim, é verdade. Obedeça agora e observe enquanto Deus santifica seu marido. Isto parece estranho? Parece impossível, porque ele é muito mau? É porque vocês são uma só carne: "Assim não são mais dois, mas uma só carne" (Mateus 19:6). "Todavia, nem o homem é sem a mulher, nem a mulher sem o homem, no Senhor" (1 Coríntios 11:11).

Pode a metade de um corpo ir em uma direção, enquanto a outra metade vai em outra direção? Mesmo que vocês sigam direções separadas por um pouco, Deus irá eventualmente uni-los novamente. Isto pode acontecer porque "**nada é impossível** com Deus" (Lucas 1:37).

Aquele que anda com integridade. Uma vez que você obedeça, Deus vai inclinar o coração de seu marido. "O Senhor inclina (o coração) a todo o Seu querer" (Provérbios 21:1). Lembre-se, somente "o **que anda sinceramente** salvar-se-á" (Provérbios 28:18). Se você diz que não quer obedecer a seu marido, então ele também não obedecerá Àquele que é acima dele! "Cristo é a cabeça de *todo* o homem, e o homem a cabeça da mulher; e Deus a cabeça de Cristo" (1 Coríntios 11:3). Não dê a desculpa de que seu marido não é cristão e, portanto, você não deveria obedecê-lo. *Não* há nada na Bíblia que diga à mulher que ela não deve ser submissa a um marido descrente!

E não justifique sua atual rebeldia dizendo que seu marido não está por perto, por isto, como você pode obedecer alguém que não está presente? Você obedece ao que *sabe* que deve fazer e o que deveria ter feito quando ele ainda estava aí! Se não consegue lembrar, então peça a Deus para trazer a sua mente *todas* as coisas que seu marido pediu para você fazer quando você não estava ouvindo e obedecendo. E então, faça-as. Não é uma questão sobre seu marido ver estas mudanças, mas de Deus ver que você mudou!

Sofrendo injustamente. E se meu marido é mau ou até mesmo cruel? "Vós, servos, sujeitai-vos com todo o temor aos senhores, não somente aos bons e humanos, mas também aos maus. Porque é coisa agradável, que alguém, por causa da consciência para com Deus, sofra agravos, **padecendo injustamente**. Porque, que glória será essa, se pecando (desobedecendo), sois esbofeteados e sofreis? Mas, se fazendo o bem, sois afligidos e o sofreis **pacientemente**, isso é agradável a Deus" (1 Pedro 2:18-20). A Palavra diz que nós, mulheres, temos um exemplo no Senhor e em Sua vida. Ele nos pede para andarmos em Seus passos, como veremos abaixo.

Mulheres, abandonem o espírito de rebelião!

Eu não sou jovem e fico imaginando como eu pude viver tanto tempo confiando no meu próprio entendimento. Eu pensava de forma errada, e não sabia disso. Eu não era uma má pessoa, mas eu era rebelde no espírito, e tentava ser a controladora da casa. Infelizmente, eu fui bem-sucedida.

Meu marido veio nos visitar na noite passada. Agora que eu realmente escuto o que ele tem a dizer, ele (o silencioso) está falando sem parar. Foi preciso muita preparação, estudo e tempo sozinha para escutar ao Senhor, para Quem eu entusiasticamente retornei.

Senhoras, o que nós lemos no RMI pode inicialmente parecer estranho. Se nós tivermos um espírito de rebelião, nós precisaremos lidar com isso primeiramente. Eu agora levo minhas questões a Deus, então é muito mais fácil lidar comigo agora. Depois do que aconteceu, meu marido me oferece sugestões que eu nunca tinha pensado antes, e ajuda, ele que era sempre reatraído.

Eu sei que o Senhor está sorrindo ~*Karen, EUA, separada*

"Se você Me ama... obedeça"

Depois de você colocar a Deus em primeiro lugar em sua vida, e começar a obedecer àqueles em autoridade sobre você, deve então se afastar da falsa doutrina que diz que "você foi salva pela graça, então está *tudo bem* em pecar, porque não está mais debaixo da lei." Vamos pesquisar as Escrituras:

Suas obras negam ao Senhor? "Confessam que conhecem a Deus, mas *negam-no com as obras*, sendo abomináveis, e desobedientes, e reprovados para toda a boa obra" (Tito 1:16).

Você faz o que Sua Palavra diz? "E por que Me chamais, Senhor, Senhor, e não fazeis o que Eu digo?" (Lucas 6:46). "Que diremos pois? **Permaneceremos no pecado**, para que a graça abunde? De modo nenhum. Nós, que estamos mortos para o pecado, como viveremos ainda nele? Pois que? Pecaremos porque não estamos debaixo da lei, mas debaixo da graça? De modo nenhum" (Romanos 6:1-2, 15).

Fé sem obras é morta. "Meus irmãos, que aproveita se alguém disser que tem fé e não tiver as obras? Porventura a fé pode salvá-lo? Porque, assim como o corpo sem o espírito está morto, assim também **a fé sem obras é morta**" (Tiago 2:14, 26). As boas obras são os 'frutos' da nossa salvação. Estas são as perguntas que você deve fazer a si: Minhas obras negam que sigo a Jesus? A graça me concede permissão para pecar? Devo, como uma crente, produzir boas obras?

Eu nunca o conheci. Muitos acreditam que você pode viver do jeito que quiser e então entrar no Paraíso quando morrer. Isto é verdade? "Muitos Me dirão naquele dia: Senhor, Senhor, não profetizamos nós em Teu nome? E em Teu nome não expulsamos demônios? E em Teu nome não fizemos muitas maravilhas? E então lhes direi abertamente: **Nunca vos conheci**; apartai-vos de Mim, vós que praticais a iniquidade" (Mateus 7:22-23). Portanto, a resposta é 'não'!

Confesse seus pecados. Se esta é a mentalidade que você tinha, antes de ler estas passagens Bíblicas, faça como a Bíblia diz: "**Confessai as vossas culpas** uns aos outros, e orai uns pelos outros, para que sareis" (Tiago 5:16).

Obediência a Sua palavra

Busque Sabedoria! "A *sabedoria* clama lá fora; pelas ruas levanta a sua voz. Nas esquinas movimentadas ela brada; nas entradas das portas e nas cidades profere as suas palavras: Até quando, ó simples, amareis a simplicidade? E vós escarnecedores, desejareis o escárnio? E vós insensatos, odiareis o conhecimento? **Atentai para a minha repreensão**; pois eis que **vos derramarei abundantemente do meu espírito** e vos farei saber as minhas palavras. (Provérbios 1:20-23)

"Entretanto, porque eu clamei e recusastes; e estendi a minha mão e não houve quem desse atenção, antes rejeitastes todo o meu conselho, e não quisestes a minha repreensão, também de minha parte **eu me rirei na vossa perdição e zombarei, em vindo o vosso temor**. Vindo o vosso temor como a assolação, e vindo a vossa perdição como uma tormenta, sobrevirá a vós aperto e angústia." (Provérbios 1:24-27)

"Então clamarão a mim, mas eu não responderei; de madrugada me buscarão, porém não me acharão. **Porquanto odiaram o conhecimento; e não preferiram o temor do Senhor**. Não aceitaram o meu conselho, e desprezaram toda a minha repreensão. Portanto comerão do fruto do seu caminho, e fartar-se-ão dos seus próprios conselhos. Porque o erro dos simples os matará, e o desvario dos insensatos os destruirá. **Mas o que me der ouvidos habitará em segurança, e estará livre do temor do mal**" (Provérbios 1:28-33). Busque a sabedoria!

A obediência vem do *coração*. "...Obedecestes de **coração** à forma de doutrina a que fostes entregues" (Romanos 6:17). E novamente: "Porque o Senhor não vê como vê o homem, pois o homem vê o que está diante dos olhos, porém o Senhor olha para o coração" (1 Samuel 16:7).

A obediência necessita de *teste*. "Amados, não estranheis a ardente prova que vem sobre vós para vos **tentar**" (1 Pedro 4:12). A obediência *purifica* a sua alma. "**Purificando as vossas almas** pelo Espírito na obediência à verdade..." (1 Pedro 1:22).

A obediência dá *testemunho* de quem seu Pai é. "Mas isto lhes ordenei, dizendo: Dai ouvidos à Minha voz, e Eu serei o vosso Deus, e vós sereis o Meu povo; e andai em todo o caminho que Eu vos mandar, para que vos vá bem. Mas não ouviram, nem inclinaram os seus ouvidos, mas andaram nos seus próprios conselhos, no propósito do seu coração malvado; e andaram para trás, e não para diante" (Jeremias 7:23-24).

Sua desobediência louva o ímpio. "Os que deixam a lei *louvam o ímpio;* porém os que guardam a lei contendem com eles" (Provérbios 28:4). As orações dos desobedientes não são ouvidas. "O que desvia os seus ouvidos de ouvir a lei, até a sua oração será abominável" (Provérbios 28:9).

Nosso exemplo de obediência é Jesus

Ele foi obediente *até à morte*. "Cristo Jesus ...humilhou-se a si mesmo, sendo obediente até à morte, e morte de cruz" (Filipenses 2:5-11). "Ainda que era Filho, *aprendeu a obediência,* por aquilo que padeceu" (Hebreus 5:7-10).

Ele foi obediente e submisso à autoridade de Deus. "Cristo prostrou-se sobre o seu rosto, orando e dizendo: Meu Pai, se é possível, passe de Mim este cálice; todavia, **não seja como Eu quero,** mas como Tu queres. E, indo segunda vez, orou, dizendo: Pai Meu, se este cálice não pode passar de Mim sem Eu o beber, **faça-se a Tua vontade**" (Mateus 26:39, 42).

Nossa submissão à nossa autoridade. "Vós, mulheres, sujeitai-vos a vossos maridos, como ao Senhor...assim como a igreja está sujeita a Cristo, assim também as mulheres sejam em **tudo** sujeitas a seus maridos" (Efésios 5:22). "Toda a alma esteja sujeita às (autoridades) superiores; porque não há autoridade que não venha de Deus; e as autoridades que há foram *ordenadas por Deus*" (Romanos 13:1).

O segredo para o sucesso. "Todas as veredas do Senhor são misericórdia e verdade para *aqueles que guardam a Sua aliança e os Seus testemunhos.* Por amor do Teu nome, Senhor, perdoa a minha iniquidade, pois é grande. Qual é o homem que teme ao Senhor? Ele o ensinará no caminho que deve escolher. A sua alma pousará no bem e a sua semente herdará a terra. O **segredo do Senhor** é com **aqueles que O temem**" (Salmos 25:10-14).

Voltando às fábulas. Ao invés de procurar pela verdade, muitos querem que outros concordem com suas ideias ou decisões erradas: "Mas, tendo comichão nos ouvidos, amontoarão para si doutores conforme as suas próprias concupiscências. E desviarão os ouvidos da verdade, **voltando às fábulas**" (2 Timóteo 4:3-4).

Obediência a Sua Palavra. "Não sejais como o cavalo, nem como a mula, que não têm entendimento, cuja boca precisa de cabresto e freio para que não se cheguem a ti" (Salmos 32:9). Se você não obedece, Ele irá discipliná-la. "Não morrerei, mas viverei; e contarei as obras do Senhor. O Senhor **me castigou (disciplinou)** muito, mas não me entregou à morte" (Salmos 118:17-18).

Deus é fiel a Sua Palavra. "Se os seus filhos deixarem a Minha lei, e não andarem nos Meus juízos, se profanarem os Meus preceitos, e não guardarem os Meus mandamentos; então visitarei a sua transgressão com a vara e a sua iniquidade com açoites" (Salmos 89:30-32). Se você continuar em rebelião contra a Palavra de Deus ou contra a autoridade de seu marido, Deus continuará a puni-la.

Leia e ore o Salmo 51 em alta voz: "Lava-me completamente da minha iniquidade, e purifica-me do meu pecado. Porque eu conheço as minhas transgressões, e o meu pecado está sempre diante de mim. Contra Ti, contra Ti somente pequei, e fiz o que é mal à Tua vista. Cria em mim, ó Deus, um coração puro, e renova em mim um espírito reto. Não me lances fora da Tua presença, e não retires de mim o Teu Espírito Santo. Torna a dar-me a alegria da Tua salvação, e sustém-me com um espírito voluntário. Então ensinarei aos transgressores os Teus caminhos, e os pecadores a Ti se converterão. Os sacrifícios para Deus são o espírito quebrantado; a um coração quebrantado e contrito não desprezarás, ó Deus" (Salmos 51:2-4, 10-13 e 17).

Que Deus esteja com você, enquanto se esforça para ser mais semelhante a Cristo!

Compromisso pessoal: colocar a Deus em primeiro lugar em minha vida. "Baseado no que aprendi da Palavra de Deus, comprometo-me a fazer tudo como se fosse para o Senhor. Vou mostrar ao Senhor meu comprometimento a Ele e minha obediência a Sua Palavra, ao submeter-me àqueles que estão em autoridade sobre mim, especialmente meu marido".

Data: _____ Assinatura: _____

Capítulo 6

Mulher contenciosa

*"O gotejar contínuo
em dia de grande chuva,
e a mulher contenciosa, uma e outra são semelhantes;
Tentar moderá-la
será como deter o vento,
ou como conter o óleo dentro da sua mão direita".
—Provérbios 27:15-16*

Pergunte-se: "Sou uma mulher contenciosa?"

Talvez esta pergunta seja difícil de responder porque você não está certa do que é uma mulher contenciosa. Se verificarmos no dicionário, a palavra *contenda* significa: litígio, disputa, briga, peleja, desavença.

Suas conversas com seu marido eram frequentemente disputas para ver quem ganharia ou se as coisas seriam segundo a sua maneira? Você vencia muitas vezes? Deixe-me compartilhar com você que eu era uma esposa contenciosa e eu vencia muitas vezes, ou talvez, a maior parte das vezes, mas na realidade eu perdi! Perdi meu marido e a vida em família que tínhamos!

Você sempre discute com seu marido? "Como o soltar das águas é o início da **contenda**, assim, antes que sejas envolvido *afasta-te* da questão" (Provérbios 17:4). De fato, o mundo e muitos chamados *experts* em casamento, dizem-nos que uma boa discussão é bom para o casamento. Não acredite nisto! Discutir irá destruir seu casamento! E se você continuar a discutir ou brigar com seu marido perderá sua oportunidade de restaurar seu casamento!

Há desavença em sua casa? "É melhor um bocado seco e com ele a tranquilidade, do que a casa cheia de iguarias e com **desavença**"

(Provérbios 17:1). Você é a mulher de espírito manso e quieto que 1 Pedro 3:4 diz que é preciosa aos olhos de Deus? Seus filhos são brigões e rebeldes? Seu marido não se aproximará para vê-la ou a seus filhos, caso veja desavenças em sua casa. Ainda que você mude, se seus filhos continuarem a ser detestáveis e rebeldes, seu marido buscará paz e conforto nos braços e na casa de outra pessoa.

Você tem um espírito litigioso? "E rejeita as **questões** loucas e sem instrução, sabendo que produzem contendas. E ao servo do Senhor não convém **contender**, mas, sim, ser manso para com todos, apto para ensinar, sofredor" (2 Timóteo 2:23). Você é uma 'sabe-tudo'? Ou você simplesmente tem um argumento contrário a cada coisa que seu marido diz? Deus diz o que devemos fazer: "Concilia-te depressa com o teu adversário, enquanto estás no caminho com ele, para que não aconteça que o adversário *te entregue ao juiz...*" (Mateus 5:25). **Cuidado com a audiência de divórcio!**

Você é respondona? "Exorta os servos a que se sujeitem a seus senhores e em tudo agradem, não **contradizendo**" (Tito 2:9). Você é uma serva de Jesus? Ele comprou você por um preço? Então você deve a **Ele** ser agradável. Agora que vimos o que significa ser contenciosa, a Palavra de Deus menciona muitas vezes como é terrível uma esposa contenciosa (briguenta ou rixosa). Vamos examinar isto.

A esposa contenciosa

Mulher contenciosa. Você já ouviu uma goteira que a deixou louca? "(São como) um **gotejar contínuo**, as **contendas** da **mulher**" (Provérbios 19:13). Algumas vezes basta uma outra pessoa (talvez um amigo ou seu sogro) chamar a atenção para aquele pingo, para seu marido perceber a goteira; porém, uma vez que ele a tenha percebido, será a única coisa que será capaz de ver e ouvir! Você já tentou entender porque homens deixam suas casas e frequentemente vão viver com outra mulher? Provérbios 21:9 diz que isto acontece porque "é melhor **morar** num **canto de telhado** do que ter como companheira em casa ampla uma **mulher briguenta.**"

Mulher rixosa e irritadiça. Outra vez, um homem preferirá viver sem água num deserto quente do que viver com uma mulher que o desafia e a sua autoridade. "É melhor morar numa *terra deserta* do que com a **mulher rixosa e irritadiça**" (Provérbios 21:19). Deus é tão inflexível a respeito deste verso, Ele o repete. Você está ouvindo? "É melhor *morar* num *canto de telhado* do que ter como companheira em casa ampla uma **mulher briguenta**" (Provérbios 21:9).

Uma goteira constante. Deus compara um gotejar constante a uma mulher contenciosa que possivelmente leva alguém a mudar-se? Porque o homem apenas não conserta o telhado? Porque Deus diz que isto é impossível! "O **gotejar contínuo** em dia de grande chuva e a **mulher contenciosa**, uma e outra são semelhantes. Tentar *moderá-la (contê-la)* será como deter o *vento* ou como *conter o óleo dentro da sua mão direita*" (Provérbios 27:15-16).

Sendo submissa

Muito da sua atitude contenciosa pode ser devido ao fato de achar que o casamento é uma parceria. Isto era o que eu acreditava e depois descobri que não era verdade! Ao invés disto, Deus colocou a família, junto com o resto de Sua criação, sob níveis de autoridade. Nossos maridos são nossa autoridade. Isto é algo importante que você entenda. "Mas quero que saibais que Cristo é a cabeça de todo o homem e o homem a cabeça da mulher; e Deus a cabeça de Cristo" (1 Coríntios 11:3). "De sorte que, assim como a Igreja está sujeita a Cristo, assim também as mulheres *sejam* em **tudo** sujeitas a seus maridos" (Efésios 5:24).

O que é submissão ou ser sujeita? É obedecer sem uma palavra, mesmo que seu marido esteja sendo desobediente à Palavra de Deus. Não é insultá-lo em retorno aos seus insultos ou ameaçá-lo. A Bíblia diz: "Não tornando mal por mal ou injúria por injúria; antes, pelo contrário, bendizendo..." (1 Pedro 3:9). "Antes, pelo contrário, bendizendo" significa responder a um insulto com um cumprimento e uma boa atitude. "Observando a conduta honesta e respeitosa de vocês (1 Pedro 3:2).

A submissão é aplicável hoje em dia? "Jesus Cristo é o mesmo, ontem, hoje e eternamente" (Hebreus 13:8). Em Mateus 5:18, Jesus diz: "Em verdade vos digo que, até que o céu e a terra passem, nem um jota ou um til se omitirá da lei, sem que tudo seja cumprido."

Cristo é o cabeça de todo homem. Como podemos ter certeza de que Deus está sobre Jesus e que meu marido (salvo ou não) está sobre mim? "Mas quero que saibais que Cristo é a cabeça de *todo* o homem e o homem a cabeça da mulher; e Deus a cabeça de Cristo" (1 Coríntios 11:3).

Comportamento respeitoso. Agora que temos certeza de que Deus está falando a todas as esposas, o que Ele ordena? "Semelhantemente, vós, mulheres, sede sujeitas aos vossos próprios maridos; para que também, se alguns não obedecem à palavra, pelo porte de suas mulheres sejam ganhos sem palavra; considerando a vossa **vida casta**, em temor" (1 Pedro 3:1-2).

Estar sujeita. "Vós, mulheres, **sujeitai-vos** a vossos maridos, como ao Senhor. Porque o marido é a cabeça da mulher, como também Cristo é a cabeça da Igreja, sendo Ele próprio o salvador do corpo. De sorte que, assim como a Igreja está sujeita a Cristo, assim também as mulheres sejam em tudo sujeitas a seus maridos" (Efésios 5:22-24). Este versículo explica que nosso relacionamento com nossos maridos deve ser como o relacionamento de Cristo com Sua Igreja. Não é triste ver que muitas igrejas não se submetam a Cristo e aos Seus ensinamentos, assim como muitas mulheres não se submetem a seus maridos? Alguma correlação?

Mulher santa. Qual é a nossa esperança na submissão? "Porque assim adornavam-se também antigamente as **santas mulheres** *que esperavam em Deus* e estavam sujeitas aos seus próprios maridos" (1 Pedro 3:5). Nossa esperança e confiança está em Deus, não em nossos maridos. Desta forma, não precisamos temer se eles estiverem fazendo a coisa errada! "Como Sara obedecia a Abraão, chamando-lhe senhor; da qual vós sois filhas, fazendo o bem e não temendo nenhum espanto" (1 Pedro 3:6).

Protetor. Se nós, mulheres, nos protegemos porque sentimos que podemos 'lutar nossas próprias lutas', por que precisaríamos de maridos? Foi você que disse ao vendedor para ir embora ou se livrou daquele cara inconveniente na porta, provavelmente com mais prazer do que seu marido teria feito? Seu marido esqueceu como cuidar de você, uma vez que você costumava tomar conta de tudo? Quem realmente comandava sua família? Quem era realmente o mais forte?

Você disse a seu marido para tomar conta de sua própria vida quando ele disse para você pegar leve ou ir mais devagar? O que seu marido fazia quando você continuava a rebelar-se? Primeiro, ele se afastou porque não queria outra briga; então, ele se mudou da casa com a 'goteira constante' e aí encontrou outra mulher para dar sua afeição!

Se você continuou a ser contenciosa, então, quando ele apareceu novamente ou ligou ou mandou um e-mail, recebeu um lembrete de porque ele deixou você. Esta é a razão pela qual muitas mulheres não veem seus maridos.

Você deve ser totalmente transformada na imagem de uma mulher de Deus desde a primeira vez em que Ele trouxer seu marido em resposta as suas orações. Se seu marido gostar do que vir e ouvir, voltará para uma segunda olhada. Isto é o que leva à restauração! Se Deus inclinar o coração dele, mas a vontade dele sobrepuser-se a isto por não ver nenhuma mudança em você, não culpe a Deus.

A raiz de nosso temperamento contencioso: Autoestima!

Como tantas mulheres tornam-se contenciosas? Somos contenciosas porque nós, que somos Cristãs, imitamos o mundo e o modo de pensar do mundo. Os livros que lemos, os conselheiros que buscamos, as palestras que frequentamos, não refletem a Palavra de Deus, que é *pura* e *inflexível*. Muitas mulheres cristãs são cheias de psicologia.

Veneno misturado em chocolate continua a ser veneno! Minhas irmãs em Cristo, a psicologia é mais perigosa quando é misturada com cristianismo, porque nós engolimos tudo rápido! Temos passado por uma lavagem cerebral para pensar que "amor próprio" e "autoestima" são coisas boas, mas não são *nada* além de *orgulho!* Este é o pecado que transformou Lúcifer em Satanás.

A mulher contenciosa, orgulhosa, a mulher que "sabe tudo", é a mulher que discute e quer fazer tudo da sua própria maneira, porque ela "pensa" que é a certa. E quando está errada, sua autoestima precisa ser protegida. Nunca há uma palavra humilde ou um "desculpe-me, eu estava **errada!**". A mulher contenciosa foi condicionada a pensar que pedir desculpas será muito humilhante.

Nosso orgulho resulta em hipocrisia, que é o motivo pelo qual tantas mulheres revelam os pecados de seus maridos, pois não conseguem enxergar os seus próprios pecados!

Como se libertar do temperamento contencioso e da hipocrisia

Se confessarmos. Como podemos ver claramente, viver com uma mulher contenciosa e hipócrita é nada menos do que um pesadelo, não somente para nossos maridos, mas também para nossos filhos. Vamos orar e pedir perdão a Deus. Busquemos a Sua graça para ajudar-nos a sermos mulheres de espírito manso e quieto, que são preciosas aos olhos de Deus, bem como aos olhos de nossos maridos. "**Se confessarmos** os nossos pecados, Ele é fiel e justo para nos perdoar os pecados e nos purificar de toda a injustiça" (1 João 1:9). Muitas vezes nós interpretamos esse versículo de forma errada e confessamos os pecados de nossos maridos. Esse verso fala que devemos confessar os *nossos* pecados.

Confesse. Quando seu marido aparecer em sua casa ou visitá-la, peça-lhe perdão por ter sido contenciosa e hipócrita. Se você não tem mais contato com seu marido, ore por uma oportunidade para dizer-lhe isto por telefone ou pessoalmente. (Por favor, não ligue para ele!) "**Confessai** as vossas culpas uns aos outros e orai uns pelos outros,

6. Mulher contenciosa

para que sareis. A oração feita por um justo pode muito em seus efeitos" (Tiago 5:16). Novamente esse verso fala que devemos confessar os *nossos* pecados, não o pecado de nossos maridos, então *nós* poderemos ser saradas.

Quando confessar, não fique de 'conversinha'. Apenas diga-lhe sucintamente que Deus a convenceu de ter sido briguenta e implicante, o que é devido ao seu orgulho e autojustificação. Diga-lhe que, com a ajuda de *Deus,* você está orando para ser transformada. Dê-lhe um beijo e saia da sala ou diga 'tchau' e desligue o telefone! Então confesse a seus filhos e explique a eles como Deus vai transformá-la através da humildade. Muito frequentemente eles veem ou ouvem apenas sobre os pecados de seu pai; é importante que vejam que a separação ou o divórcio não foi algo de responsabilidade de apenas um lado.

Reconcilie-se primeiro. Se você não sente vontade acertar as coisas, peça ajuda a Deus. "Portanto, se trouxeres a tua oferta ao altar e aí te lembrares de que teu irmão tem alguma coisa contra ti; deixa ali diante do altar a tua oferta e vai **reconciliar-te primeiro** com teu irmão e, depois, vem e apresenta a tua oferta" (Mateus 5:23-24).

Graça ao humilde. Também garanta que você seja humilde; não fique muito orgulhosa de chegar e dizer que é uma mulher contenciosa. "Deus resiste aos soberbos, mas dá **graça aos humildes**. Humilhai-vos, pois, debaixo da potente mão de Deus, para que a seu tempo vos exalte" (1 Pedro 5:5-6). E continue confessando toda vez que você for briguenta com alguém. Quando você estiver cansada dos seus pecados e realmente clamar a Deus para transformá-la, deixará de ser uma mulher contenciosa.

Aqui está a prescrição de Deus. "Então chegaram a Mara; mas não puderam beber das águas de Mara, porque eram amargas; por isso chamou-se o lugar Mara" (Êxodo 15:23). Moisés jogou uma árvore na água, uma representação da cruz do Calvário. Você também deve jogar a cruz no mar da sua amargura. Cristo morreu para libertá-la de todo o pecado, incluindo seu comportamento irado, orgulhoso e egoísta.

Jesus deve ser o nosso exemplo, sempre, em todas as coisas, na forma como Ele andou neste mundo. "De sorte que haja em vós o mesmo sentimento (humildade) que houve também em Cristo Jesus, que, sendo em forma de Deus, não teve por usurpação ser igual a Deus. Mas *esvaziou-se* a *si mesmo...humilhou-se* a si mesmo, sendo obediente até à morte e morte de cruz" (Filemom 2:5-8).

Compromisso Pessoal: considerar os outros mais importantes do que eu mesma, deixando minha maneira contenciosa e orgulhosa de agir. "Baseado no que aprendi da Palavra de Deus, comprometo-me a renovar minha mente e ser praticante da Palavra, através da humildade e abandonando minha maneira contenciosa de agir".

Data: _____ Assinado: _____

Capítulo 7

Bondade em sua língua

*"Abre a sua boca com sabedoria
e a lei da beneficência (bondade)
está na sua língua".*
—*Provérbios 31:26*

Todo mundo observa como uma mulher fala com seu marido, com seus filhos e com os outros. Quando uma mulher fala respeitosa e bondosamente com seu marido e seus filhos, demonstra a característica fundamental de uma "mulher de Deus". De outro modo, aquelas que são impacientes e desrespeitosas, revelam-se como Cristãs fracas e imaturas.

A fala bondosa e mansa é um dos mais importantes ingredientes para ter um bom casamento e filhos bem comportados. Bondade é a característica principal de uma 'mulher de Deus'.

Temos sido enganadas por 'conselheiros' e muitos autointitulados "*experts* em casamento" que dizem que é a **falta de comunicação** que causa a destruição de um casamento. Meditando nas Escrituras, descobri que Deus tem *muito* a dizer sobre o quanto, o que e como falamos! Acompanhe-me enquanto, juntas, descobrimos a **verdade**:

Não é a "falta" de comunicação!
Devemos tomar cuidado com o quanto falamos!

Multidão de palavras. Não somente não é a *falta* de comunicação que causa problemas no casamento, mas quando há muitas conversas e discussões, o pecado (violação da Palavra de Deus) não pode e não será evitado! "Na ***multidão de palavras não falta pecado***, mas o que modera os seus lábios é sábio" (Provérbios 10:19).

Mantenha-se calada. Outros dizem-nos para falarmos o que vem em nossa mente e compartilhar o que pensamos, mas Deus diz que: "...O **homem entendido se mantém calado**" (Provérbios 11:12). "*O que* **guarda** *a sua boca conserva a sua alma,* mas o que **abre** muito os *seus lábios se destrói*" (Provérbios 13:3).

Feche seus lábios. Na realidade, Deus diz que praticamos a sabedoria e parecemos sábios quando não falamos **nada**. "Até o tolo, quando **se cala**, é *reputado por sábio*; e o que **cerra os seus lábios** é *tido por entendido*" (Provérbios 17:28). "*Seja, porém, o vosso falar:* **Sim, sim; Não, não**; *porque o que passa disto é de procedência maligna*" (Mateus 5:37).

Sem palavras. Deus fala diretamente às mulheres para permanecem em silêncio. "Semelhantemente, vós, mulheres, sede sujeitas aos vossos próprios maridos; para que também, se alguns não obedecem à palavra, pelo *porte de suas mulheres* sejam ganhos **sem palavra**; considerando a vossa vida casta, em temor" (1 Pedro 3:1-2). "As vossas *mulheres* **estejam caladas** nas *igrejas*" (1 Coríntios 14:34).

Espírito manso e quieto. Deus acha as mulheres quietas preciosas. Esta é você? "...No incorruptível traje de um **espírito manso e quieto**, que é *precioso* diante de Deus" (1 Pedro 3:4). "...Guarda o depósito que te foi confiado, tendo horror aos **clamores vãos** e **profanos** e às oposições da **falsamente** chamada *ciência* - a qual, professando-a alguns, se *desviaram da fé*" (1 Timóteo 6:20-21).

Deus diz que devemos ser cuidadosas com O que falamos

Guarde sua boca. Quantas vezes você ficou em problemas por causa das palavras que disse? "A boca do justo jorra sabedoria, mas a **língua da perversidade** será *cortada*" (Provérbios 10:31). "Há alguns que **falam** como que *espada penetrante*, mas a **língua** dos **sábios** *é saúde*" (Provérbios 12:18). "O que **guarda a sua boca** e a **sua língua** guarda a sua alma **das angústias**" (Provérbios 21:23).

O que procede da boca. Este versículo é claro. Tudo o que você fala é MUITO importante! "Porque por **tuas palavras** serás **justificado** e por **tuas palavras** serás *condenado*" (Mateus 12:37). "O que contamina o homem não é o que entra na boca, mas **o que sai da boca**, isso é o que *contamina o homem*" (Mateus 15:11). "...*Despojai-vos também de tudo*: da ira, da cólera, da malícia, da **maledicência**, das **palavras torpes** da vossa boca..." (Colossenses 3:8).

Preste atenção na palavra. Este versículo descreve dois tipos de esposas. Qual delas é você? "A **mulher virtuosa** é a **coroa** do seu marido, mas **a que o envergonha** é como **podridão** nos seus ossos" (Provérbios 12:4). "O que **atenta prudentemente para o assunto** *achará o bem...*" (Provérbios 16:20).

Falar como criança. Você amadureceu? Ou você continua a ser uma criança que diz coisas que machucam os outros? Uma das maiores mentiras que aprendemos quando éramos crianças é que 'Paus e pedras podem quebras meus ossos, mas palavras nunca irão ferir-me.' Muitas de nós nunca se recuperaram de certas palavras que nos foram ditas quando éramos crianças. "Quando eu era menino, **falava como menino**, sentia como menino, discorria como menino, mas, logo que cheguei a ser homem, ***acabei com*** *as coisas de menino*" (1 Coríntios 13:11).

Não é tempo de **crescermos?** Pare de falar coisas que machucam seu marido, seus filhos e seu relacionamento com os outros!

Lábios de justiça. Quem não aprecia uma palavra boa de alguém? "Os **lábios de justiça** são o *contentamento dos reis*; eles *amarão* o que **fala coisas retas**" (Provérbios 16:3). "**Falando** entre vós em *salmos, e hinos, e cânticos espirituais*; cantando e salmodiando ao Senhor no vosso coração..." (Efésios 5:19).

Abandone a discussão. "Como o soltar das águas é o início da *contenda*, assim, antes que sejas envolvido **afasta-te da questão**" (Provérbios 17:14). "Os *lábios do tolo* entram na **contenda** e a sua boca brada por açoites" (Provérbios 18:6). Novamente, **discutir** ou brigar *não é bom* para o casamento (ou para qualquer relacionamento), ainda que outros digam o contrário!

Constantes atritos. Há atritos constantemente em sua casa? "Porque as obras da carne são manifestas, as quais são: ...**inimizades, porfias**, emulações, **iras, pelejas, dissensões**, heresias, invejas..." (Gálatas 5:19:21). "Se alguém ensina alguma outra doutrina e **se não conforma com as sãs palavras** de nosso *Senhor Jesus Cristo*, e com a **doutrina que é segundo a piedade**, é soberbo e nada sabe, mas delira acerca de questões e **contendas** de palavras, das quais nascem invejas, **porfias, blasfêmias**, ruins suspeitas, **contendas** de homens corruptos de entendimento e privados da verdade..." (1 Timóteo 6:3-5).

Concilia-te depressa! Se você tem problemas com discussões, memorize estes dois versículos. **Estes versículos transformaram-me totalmente!** "Concilia-te depressa com o teu adversário, enquanto estás no caminho com ele..." (Mateus 5:25). "*Honroso é para o homem desviar-se de* **questões**, *mas todo tolo é* **intrometido**" (Provérbios 20:3).

Dois de vocês concordarem. Você deve tentar achar a área de *concordância* ao invés do ponto de *discordância* em **tudo** que seu marido diz. Se você não conseguir achar nada para concordar, **fique quieta** e sorria! "Também vos digo que, **se dois de vós concordarem** na terra acerca de qualquer coisa que pedirem, isso lhes será feito por Meu Pai, que está nos céus" (Mateus 18:19).

Deprime o espírito. Provérbios diz também que o que dizemos pode **deprimir** o espírito de nossos maridos! "A língua benigna é árvore de vida, mas a *perversidade* (definida como 'crueldade') nela **deprime o espírito**" (Provérbios 15:4).

Guarde sua língua com um freio. Eis aqui um pensamento sensato: "Não havendo ainda palavra alguma na minha **língua**, eis que logo, ó Senhor, *tudo conheces*" (Salmos 139:4). "Eu disse: Guardarei os meus caminhos para *não pecar* com a minha **língua; guardarei a boca com um freio**..." (Salmos 39:1). Freie sua língua. Jejum é a única forma de ser verdadeiramente liberto de uma boca grande!

Acredite em mim, você está muito fraca para falar! Isto foi o que funcionou comigo! Apenas faça isto logo!

Difamação

Seu marido seguramente confia nela. Outra área em que devemos ser cautelosas com a forma pela qual falamos, o que pode resultar na perda da confiança de nossos maridos, é falar sobre ele com os outros. "O coração do **seu marido está nela confiado**; assim ele não necessitará de despojo" (Provérbios 31:11). Não devemos jamais compartilhar as fraquezas de nossos maridos ou as coisas que nos falaram em confiança. Lembre-se de que "o intrigante (fofoqueiro) **separa os maiores amigos**" (Provérbios 16:28). *Muitas mulheres compartilham comigo (ou com qualquer pessoa que conheçam ou encontrem) sobre os pecados de adultério, pornografia, abuso de álcool ou drogas de seus maridos. Eu **recuso-me** a ouvir e as 'corto'.* Deixe-me perguntar a você: "Para quantas pessoas *você* já contou?"

Confessar *nossos* pecados. Durante o aconselhamento ou quando conversamos com outras pessoas para obter ajuda para o nosso casamento, todas cometemos o erro fatal de confessar as falhas e os pecados de nosso marido, deixando de obter a limpeza e a cura necessárias para que o *nosso* casamento seja restaurado. O versículo diz claramente: "Se confessarmos os **nossos** pecados, ele é fiel e justo para nos perdoar os pecados e **nos** purificar de toda injustiça" (1 João 1:9). Novamente em Tiago 5:6, claramente nos diz: "Confessai as **vossas** culpas uns aos outros e orai uns pelos outros, para que sareis; a oração feita por um justo pode muito em seus efeitos".

Eu o destruirei! "Aquele que **murmura** do seu próximo às escondidas, *Eu (Deus) o destruirei*" (Salmos 101:5). Muitas mulheres acham que estão constantemente lutando contra o 'inimigo' quando, na realidade, Deus é quem está contra elas. Se você tem falado mal aos outros sobre seu marido, você o tem difamado. Deus promete que trará destruição em sua vida. Você pode repreender o inimigo o quanto quiser, mas a Palavra é clara. Você deve arrepender-se, pedir a Deus para remover este pecado de sua vida e, então, restituir ao procurar cada uma das pessoas para quem você difamou seu marido, confessar seu pecado e compartilhar as coisas boas que seu marido fez (e está fazendo) por você.

A fofoqueira revela os segredos. Uma das armadilhas mais comuns em que as mulheres caem é fofocar no telefone, sob o pretexto de compartilhar 'motivos de oração' ou 'pedidos de oração'. Pare de andar com mulheres que fazem fofoca. Faça como Deus ordena: "O que anda **tagarelando** revela o segredo; **não** te *intrometas* com o que lisonjeia com os seus lábios" (Provérbios 20:19).

Afaste de você a difamação. Outros podem não perceber que você é uma fofoqueira, mas Deus conhece o seu coração. Não se engane, você não precisa entrar em detalhes para compartilhar seus motivos de oração - não seja insensata! "...O que divulga **má fama** é um **insensato**" (Provérbios 10:18). Todas devemos afastar de nós os pedidos de oração que não passam de difamação. "Toda a amargura, e ira, e cólera, e gritaria, e **blasfêmia (maledicência, difamação)** e toda a malícia **sejam tiradas dentre vós**..." (Efésios 4:31).

Você pode descobrir, à medida que se livra deste tipo de 'desabafo', que não tem nada a dizer a seus amigos. *Isto também resultou em eu conhecer novos amigos!* Se você resistir à tentação de voltar às suas velhas maneiras, Deus será fiel para ensiná-la a edificar ao invés de envergonhar seu marido. "A mulher virtuosa é a coroa do seu marido, mas a que **o envergonha** é *como podridão nos seus ossos*" (Provérbios 12:4). Ao invés disto, vamos começar a "...(falar) entre vós em salmos, e hinos, e cânticos espirituais; cantando e salmodiando ao Senhor no vosso coração" (Efésios 5:19).

Doçura no falar. Se você envergonhou seu marido através do que disse a ele ou sobre ele, ou através de sua atitude, Deus é fiel para oferecer a cura: "O **coração alegre** é como o bom *remédio*, mas o espírito abatido seca até os ossos" (Provérbios 17:22). "As **palavras suaves** são *favos de mel, doces para a alma e saúde para os ossos*" (Provérbios 16:24). "...**A doçura dos lábios** *aumentará* o ensino *(persuasão)*" (Provérbios 16:21).

Deus vê! Ser cautelosa quanto ao tanto que você fala, ganhar seu marido sem palavras e sair do caminho de seu marido, é o que a Palavra de Deus nos ensina a fazer. Deus também é inflexível a respeito da 'atitude' por trás de suas ações, uma vez que ela revela seu coração. "...Porque o Senhor não *vê* como vê o homem, pois o homem vê o que está diante dos olhos, porém o Senhor olha para o coração" (1 Samuel 16:7). A atitude de uma 'mulher de Deus' é a que demonstra respeito por seu marido, o que provém de um coração puro.

Respeitoso

Fomos ensinadas que respeito é algo que devemos *demandar* dos outros. Nos disseram que devemos ter respeito por *nós mesmas*. Para aprender o verdadeiro sentido do Respeito, vamos buscar um conhecimento mais profundo. Nossos maridos devem ser ganhos "pelo comportamento de suas esposas, enquanto observam seu comportamento casto e **respeitoso**" (1 Pedro 3:1). A palavra **respeito** é definida no dicionário como: "ato ou efeito de respeitar **a alguém**"! **Não** é algo que demandamos para nós mesmas!

De acordo com o dicionário **respeitar** significa ter em **consideração,** ter **estima** por, **honrar, reverenciar,** venerar, admirar, **apreciar, valorizar**. O oposto é **desprezar, culpar** e **censurar**. Vamos estudar mais profundamente as palavras destacadas.

Considerar: ter atenção, cuidado em relação a alguém. Hebreus diz que devemos encorajar nossos maridos e os outros. Por nossas ações, podemos estimulá-los a amar-nos e também a buscar fazer o bem. "E **consideremo-nos** uns aos outros, para nos *estimularmos ao amor e ás boas obras*" (Hebreus 10:24). De outra forma, quando não temos consideração, motivamos nossos maridos ou filhos a desprezar-nos e a errar!

As obras da carne. Usamos os pecados de nossos maridos como desculpa para nossa falta de respeito por eles. Há uma lista de pecados em Gálatas. Enquanto você a lê, por favor, gaste um tempo sublinhando os pecados que geralmente são cometidos por homens, aqueles que nós na igreja chamamos **realmente** de pecado.

"Porque as **obras da carne** são manifestas, as quais são: adultério, prostituição, impureza, lascívia, idolatria, feitiçaria, inimizades (hostilidade), porfias (contendas), emulações (rivalidades), iras, pelejas, dissensões (diferenças de opinião), heresias, invejas, homicídios, bebedices, glutonarias e coisas semelhantes a estas, acerca das quais vos declaro, ...que os que cometem tais coisas não herdarão o reino de Deus" (Gálatas 5:19-21).

Agora, volte e circule os pecados que tendemos a ignorar na igreja, aqueles que geralmente são cometidos por mulheres. O ato de justificar seu desrespeito, baseando-se no(s) pecado(s) de seu marido, é obviamente fundamentado na *ignorância* ou na justificação de seus próprios pecados diante de um Deus Santo! Nós estamos claramente cheias de pecado, os quais Deus diz que são "evidentes"!

Olhando para si. Muitas acham que é sua responsabilidade punir ou castigar os outros quando pecam, especialmente seus próprios maridos. A Escritura nos diz o contrário e nos mostra as consequências destas ações orgulhosas. Não nos esqueçamos da trave em nossos próprios olhos. Lembre-se que todos os pecados são iguais para Deus.

Novamente, não deixe Satanás enganá-la a pensar que o pecado de *seu marido* é pior do que o seu. "Irmãos, se algum homem chegar a ser surpreendido *nalguma ofensa*, vós, que sois espirituais, **encaminhai** o tal *com espírito de mansidão* (**consideração**); **olhando por ti mesmo**, para que não sejas também tentado. Levai as cargas uns dos outros e assim cumprireis a lei de Cristo. Porque, se alguém cuida ser alguma coisa, não sendo nada, engana-se a si mesmo" (Gálatas 6:1-3).

Estimar: ter alta consideração *por **alguém***. Muitos psicólogos cristãos tomaram o mandamento de Deus de 'estimarmos aos outros acima de nós mesmos' e transformaram-no em ensinamentos para edificar a nós mesmas mais do que aos outros. Leia toda a passagem bíblica para que a verdade liberte-a do orgulho, que está destruindo você e seu casamento:

"**Nada** façais por contenda ou por vanglória, mas por humildade; cada um **considere (estime)** os **outros** *superiores a si mesmo*. Não atente cada um para o que é propriamente seu, mas cada qual também para o que é dos outros. De sorte que haja em vós o mesmo sentimento que houve também em Cristo Jesus, que, sendo em forma de Deus, não teve por usurpação ser igual a Deus, mas esvaziou-se a si mesmo, tomando a forma de servo, fazendo-se semelhante aos homens" (Filipenses 2:3-7).

Reconheça aquele que preside sobre você. Seu marido preside sobre você. Você torna seu trabalho mais fácil ou mais difícil? "E rogamo-vos, irmãos, que **reconheçais** os que trabalham entre vós e que presidem sobre vós no Senhor...e que os tenhais em grande **estima** e amor, por causa da sua obra. Tende paz entre vós" (1 Tessalonicenses 5:12-13).

Honrar: ter em altíssima consideração. Devemos considerar nossos maridos como dignos de honra, honra que *já* devemos estar demonstrando a eles. "Todos os servos que estão debaixo do jugo estimem a seus senhores por dignos de toda a **honra**, para que o nome de Deus e a doutrina não sejam blasfemados" (1 Timóteo 6:1).

Deus não deve ser desonrado. Lembre que ao demonstrar honra a seu marido, quer suas obras mereçam receber honra ou não, você dá Glória a Deus! Não somente quando seu marido está por perto, mas todas as vezes que você falar ou pensar nele. A consequência de não demonstrar este tipo de respeito é desonrar a Deus e a Sua Palavra. Dizemos que somos Cristãs, mas nossas 'obras negam' isto! (Tito 1:16) "A serem moderadas, castas, boas donas de casa, sujeitas a seus maridos, a fim de que a **Palavra de Deus não seja blasfemada**" (Tito 2:5). E "mulheres, sujeitai-vos a vossos maridos, **como ao Senhor**" (Efésios 5:22).

Com fadiga. "E a Adão disse: Porquanto deste ouvidos à voz de tua mulher e comeste da árvore de que te ordenei, dizendo: Não comerás dela, maldita é a terra por causa de ti; **com dor (fadiga)** comerás dela todos os dias da tua vida" (Gênesis 3:17). Após a queda do homem, homem e mulher receberam punições; a mulher teria dor no parto e o homem teria fadiga no trabalho. Então porque a punição do homem é compartilhada pelo homem e pela mulher? Porque compramos esta mentira? Orgulho.

Uma mulher orgulhosa não quer que lhe seja dito o que fazer ou como deve gastar o dinheiro. Se ela obtém seu próprio dinheiro, então pode tomar suas próprias decisões sobre como seu dinheiro deve ser gasto! Podemos facilmente nos desvencilhar da autoridade de nossos maridos e, ultimamente, de sua proteção também.

Além do mais, quando as mulheres têm uma carreira diferente da do lar e de cuidar das crianças, isto divide os interesses do casal e nos torna independentes um do outro. Deus adverte-nos quando diz que uma casa que é dividida não permanecerá! Sua carreira ou seu trabalho destruíram seu casamento? (Veja "Os Costumes de Sua Casa", no livro *Uma Mulher Sábia*).

Dar honra a ela. Todas as mulheres anseiam que seus maridos tratem-nas como no seguinte versículo: "Igualmente vós, maridos, coabitai com elas com entendimento, **dando honra à mulher**, como vaso mais fraco; como sendo vós os seus coerdeiros da graça da vida; para que não sejam impedidas as vossas orações" (1 Pedro 3:7). Através de seu esforço para ser mansa e quieta e para honrar seu marido, especialmente quando ele pode estar vivendo de forma desonrosa, através de uma atitude casta e respeitosa, você pode alcançar a benção de receber honra de seu marido ao escolher voltar para casa!

Aqui estão algumas diretrizes bíblicas sobre como receber honra:

Por ser graciosa. "A *mulher graciosa* guarda a **honra**" (Provérbios 11:16). Responda graciosamente a *qualquer* coisa que seja dita a você, *sempre*, por todas as pessoas! Nunca pressione ou reaja excessivamente! Lembre-se, você é uma filha do Rei, aja como realeza! Aqueles que são da realeza nunca demonstram sentimentos ruins ou atacam com ira. Pense na Princesa Diana, que estava sofrendo todos os tipos de problemas conjugais, entretanto você nunca a viu fazer uma cena.

Por ter humildade. "...Precedendo a **honra** vai a humildade" (Provérbios 15:33).

Por ser humilde. "...Diante da honra vai a humildade" (Provérbios 18:12).

Reverenciar: ter sentimento de *grande* **respeito**, amor, admiração e estima; ter temor. Muitas mulheres não respeitam ou demonstram reverência por seus maridos. Como nós, como mulheres Cristãs, podemos ignorar as Escrituras? "...A mulher **reverencie** o marido" (Efésios 5:33).

Apreciar: dar reconhecimento favorável; tratar com carinho, gostar, valorizar, compreender; guardar como algo valioso (especialmente os votos de casamento), ter cuidado amoroso por, manter vivo (em emoção). Nós falamos em fazer coisas do coração. Se seu marido não for um de seus tesouros, seu coração não está com ele. "Porque onde estiver o vosso **tesouro**, aí estará também o vosso *coração*" (Mateus 6:21).

Algumas vezes, quando perdemos algo ou temporariamente o substituímos, realmente percebemos o quanto aquilo é importante para nós. Você teve que perder seu marido para realizar o que você tinha? *Eu sei que isto aconteceu comigo!*

Como você pode ajudar a curar seu marido espiritual e emocionalmente? Fale doce e mansamente com seu marido toda vez que o Senhor lhe der a oportunidade de falar com ele. "A **língua benigna** é árvore de vida, mas a perversidade nela deprime o espírito" (Provérbios 15:4).

Esta benção pode ser sua. "Todos os dias do oprimido são maus, mas o **coração alegre** é um *banquete contínuo*" (Provérbios 15:15). Se seu coração é alegre, você atrairá seu marido de volta para casa, já que ele partiu para encontrar alegria. Quando ele deixar o lugar onde está agora, achará alegria de volta em sua própria casa com você e seus filhos?

Eis um aviso. Cuide do que você fala a respeito de seu marido. Vergonha é um câncer emocional. "A mulher virtuosa é a coroa do seu marido, mas a que o **envergonha** é como *podridão nos seus ossos*" (Provérbios 12:4). Podridão é como a deterioração pela cárie. "...A mulher estranha, ...o seu fim é *amargoso* como o **absinto**, agudo como a espada de dois gumes"

Uma palavra boa. *Nunca* fale ao seu marido sobre seus problemas, medos e ansiedades a respeito dos pecados dele (adultério, abuso, álcool ou drogas), de suas finanças ou do iminente divórcio, uma vez que "a **ansiedade no coração** deixa o homem abatido, mas uma *boa palavra* o alegra" (Provérbios 12:25). Toda vez que seu marido tiver que falar com você, ele tem que sair sentindo-se elevado, não confrontado ou oprimido.

Trazer saúde. Sua língua pode ter dois efeitos opostos; qual deles você escolhe? "Há alguns que falam como que espada penetrante, mas *a língua dos sábios* **é saúde**" (Provérbios 12:18).

Um coração alegre. Tenha um coração repleto de alegria e contentamento. "O **coração alegre** é como o *bom remédio*, mas *o espírito abatido seca* até os ossos" (Provérbios 17:22).

Rosto alegre. Deixe seu rosto resplandecer a alegria que há em seu coração. "O **coração alegre aformoseia o rosto**, mas pela dor do coração o *espírito se abate*" (Provérbios 15:13). Vamos aprender mais sobre alegria e contentamento. Ter alegria é ser uma boa mulher, agradável, preciosa, doce, **grata** e **favorável**.

Alegre-se *sempre*. Em nossas circunstâncias parece impossível ficar alegre. Como podemos contentar-nos ou alegrar-nos? **"Regozijai-vos sempre** *no Senhor*; outra vez digo, **regozijai**-vos" (Filipenses 4:4). E quando devemos regozijar-nos? **"Regozijai-vos sempre"** (1 Tessalonicenses 5:16). É Nele que regozijamo-nos. Esta é a arma **mais** poderosa de nossa luta espiritual: *louvar* ao Senhor quando o inimigo vem contra nós!!!

Você é capaz de fazer qualquer coisa sem murmurar ou reclamar? Você reclama, choraminga ou murmura continuamente sobre sua situação com outros ou com seu marido? Se você faz isto, você não é grata! "Fazei *todas* as *coisas* sem **murmurações nem contendas**" (Filipenses 2:14).

Você aprendeu o segredo? Podemos pensar que em nossa circunstância temos razões para lamentar. Ao invés, devemos aprender contentamento. "...Já *aprendi* a **contentar-me** com o que tenho. Sei estar abatido...em toda a maneira, e em **todas** as **coisas (circunstâncias)** estou **instruído (aprendi o segredo)**, tanto a ter fartura, como a ter fome; tanto a ter abundância, como a padecer necessidade" (Filipenses 4:11-12).

O oposto de respeitar é: Desprezar, culpar e/ou censurar

Você despreza seu marido? Você o culpa por falhas passadas? Você o censura quanto a aonde ele vai ou o que ele diz? Agora é o momento para **renovar** sua mente. Leia e releia este capítulo até que você tenha gasto as páginas ou quebrado a encadernação. Faça cartões 3x5 para cada versículo bíblico que trouxe convencimento ao seu espírito. Mantenha-os com você em sua bolsa e leia-os ao longo do dia. "Procura apresentar-te a Deus aprovado, como obreiro que não tem de que se envergonhar, que maneja bem a Palavra da verdade" (2 Timóteo 2:15).

Concluindo. Que nós esforcemo-nos primeiro para parecermos sábias ficando caladas. Em seguida, tenhamos certeza de que quando abrirmos nossas bocas seja com sabedoria, bondade, respeito e edificação. Que nossas palavras sejam doces e mansas. Que sejamos uma *coroa* para nossos maridos na forma com que lidamos com este adversário em nossas vidas, o que será *precioso* aos olhos de Deus!

Compromisso pessoal: abrir minha boca com sabedoria e bondade. "Baseado no que aprendi da Palavra de Deus, comprometo-me a permanecer quieta, esperar antes de responder e ser doce em todas as minhas palavras. Comprometo-me também a demonstrar uma atitude respeitosa para com meu marido, por causa do exemplo que isto mostra aos outros e da honra que é concedida a Deus e a Sua Palavra".

Data: _____ Assinatura: _____

Capítulo 8

Ganhe sem palavras

*"Semelhantemente (a Jesus), vós, mulheres,
sede sujeitas aos vossos próprios maridos;
para que também,
se alguns não obedecem à Palavra,
sejam ganhos sem palavra..."*
—1 Pedro 3:1

Neste capítulo, aprenderemos através da Palavra de Deus que, uma vez que nossos maridos estão acima de nós, nossas palavras não são apenas inúteis, mas também podem ser perigosas. Muitas de nós estão colhendo os "maus frutos" por tentarem persuadir ou advertir nossos maridos de forma ignorante, ao invés de levarmos nossas preocupações a Deus. Aprenderemos que tudo o que você gostaria de dizer a seu marido deve ser dito primeiro a Deus.

Quando nossos maridos estão fazendo algo contra a Palavra de Deus, somos ensinadas pela Palavra a ganhar nossos maridos "sem palavras", com uma atitude respeitosa em relação a ele e a sua autoridade, concedida por Deus.

Ganhe sem palavras

Quando estou preocupada com alguma coisa, devo discutir sobre isto com meu marido? Não.

Peça a Deus para falar com seu marido. Não devemos discutir nossos medos, preocupações ou desejos com nossos maridos. Ao invés disto, devemos primeiro ir ao topo, devemos primeiro ir ao nosso Pai Celestial e apelar a Ele. Peça a Deus que o Senhor fale com seu marido (uma vez que o Senhor está diretamente acima de *todo* homem) sobre o que está em seu coração.

Esta é a ordem própria da autoridade. "Mas quero que saibais que Cristo é a cabeça de *todo* o homem, e o homem a cabeça da mulher; e Deus a cabeça de Cristo" (1 Coríntios 11:3). Ao invés de buscar a orientação ou a ajuda de seu marido, você deve buscar a face de Deus. Então pesquise na Bíblia um princípio de Deus a respeito de seu dilema. Isto irá confirmar o que o Senhor tem falado em seu coração. Sublinhe este versículo e apoie-se nele, *sabendo* que o Senhor está no controle.

Saia de seu caminho!

Saia de seu caminho. "Bem-aventurado o homem que não anda segundo o conselho dos ímpios, **nem se detém no caminho dos pecadores**... Antes tem o seu prazer na lei do Senhor, e na Sua lei medita de dia e de noite" (Salmos 1:1-2). Saia do caminho de seu marido, você não é sua autoridade! O segundo versículo nos diz o que **devemos fazer**, meditar na Palavra de Deus e deixar nossos maridos com Deus. Deus deve ser o Único a mudar seu marido, ele não pode nem mesmo mudar a si próprio.

Detém-se no caminho. "Bem-aventurado o homem que não anda segundo o conselho dos ímpios, nem **se detém no** *caminho* dos pecadores, nem se assenta na roda dos escarnecedores!" (Salmos 1:1). Ao lidar com um marido que é "desobediente à Palavra", deverá haver estágios para 'deixar ir' **sem palavras**. Uma mulher cujo marido está em casa, mas não chega em casa na hora ou no dia todo, deve 'deixar' de tentar policiá-lo através de toques de recolher, "20 perguntas" ou do "tratamento do silêncio".

Se uma esposa descobre que seu marido está com outra mulher, ela deve "deixar ir" ao optar por não segui-lo, não confrontá-lo e não usar isto como uma "chamada para despertar", caso contrário, irá pressioná-lo a deixá-la ou divorciar-se. Se neste estágio ele a deixar e ela continuar a ficar em seu caminho, ao invés de "deixar ir", ele provavelmente dará entrada no divórcio, esperando que isto acabe com a perseguição de sua mulher. Todavia, se ela continuar a persegui-lo, então verá o homem casar-se com a outra mulher.

Se continuar a agarrar-se a ele, ao invés de "deixar ir", então provavelmente verá seu marido em um segundo casamento *muito* forte. Conheci pessoalmente mulheres, cujos maridos casaram novamente, que continuaram a assinar o nome de seus maridos em cartões de Natal ou cartões de agradecimento! Em adição, com esta visão distorcida de sua situação, não ficaram enjoadas sobre continuarem a ter intimidade sexual. Raramente você vê um divórcio acontecer quando um marido é convencido de que pode ter duas esposas.

Muito frequentemente, uma esposa que não "deixa ir" verá seu marido e sua nova esposa terem seu próprio filho, esperando que isto desencoraje a ex-mulher e faça-a desistir. Algumas mulheres escrevem para mim com ira e raiva contra Deus, porque Ele não impediu que a outra mulher engravidasse. Embora elas negligenciem o conhecimento de que falharam em seguir os princípios bíblicos de "deixar ir" e obter um espírito manso e quieto. Ocasionalmente, quando um marido se divorcia da outra mulher ou segunda esposa, ele não volta para sua primeira esposa, mas, ao invés disto, procura por uma nova mulher para fazê-lo feliz! (Para encorajamento, por favor, leia o testemunho no final do Capítulo 12, "Buscando a Deus", sobre uma mulher que humildemente deixou seu marido ir, *não* ficou com raiva de Deus, e alcançou um casamento restaurado depois que seu marido havia casado novamente!)

Largue do pé dele e ore! Você pode ajudar a curar sua casa através de suas orações. "Confessai as vossas culpas uns aos outros, e **orai** uns pelos outros, para que sareis. A **oração** feita por um justo pode muito em seus efeitos" (Tiago 5:16). Se vocês se falam, então é *muito* importante que você escolha suas palavras cuidadosamente!

Mude, através da oração somente, a direção de seu marido para Deus. Você deve entender também que você não é responsável pelo que seu marido faz, ele é responsável por suas ações perante a Deus. "Mas cada um é **tentado**, quando atraído e engodado pela sua *própria* concupiscência" (Tiago 1:14). Feche sua boca; e então saia da frente do caminho de seu marido.

Esposas adoram tratar seus maridos como se fossem um de seus filhos. Este tipo de atitude maternal afastará *qualquer* homem e esvaziará sua masculinidade. Aí, quando aparece uma mulher que o vê como um homem, ele deixa sua esposa pela outra mulher.

Tenha a atitude correta. "Toda a alma esteja sujeita às (autoridades) superiores; porque **não há (autoridade) que não venha de Deus**; e as (autoridades) que há foram ordenadas por Deus. Por isso quem resiste à (autoridade) resiste à ordenação de Deus; e os que resistem trarão sobre si mesmos a condenação" (Romanos 13:1-2).

Seu marido é a sua autoridade ordenada por Deus. Sua rebelião a autoridade dele permitiu sua situação atual. Obedeça e submeta-se *agora* e veja Deus inclinar o coração de seu marido de volta para casa, à medida que você honra a Palavra de Deus.

Vença todo o mal com o bem. Sua reação ao mal *quando* este acontece diz a Deus, aos outros que a estão observando e a seu marido o que *realmente* está em seu coração. "Não te deixes *vencer do mal,* mas **vence o mal com o bem**" (Romanos 12:21). Ele **vai** acontecer, mas você pode estar preparada, "sabendo que a **prova da vossa fé** opera a *paciência*" (Tiago 1:3).

Aproveite esta oportunidade para dizer uma benção de bondade para seu marido: "...Não tornando mal por mal, ou injúria por injúria; antes, pelo contrário, *bendizendo*; sabendo que para isto fostes chamados, para que por herança alcanceis a bênção" (1 Pedro 3:9). Se você concordar com o insulto ou frase dolorosa e então devolver uma frase bondosa ou uma benção, isto transformará sua situação num *instante!*

De qualquer forma, a maior parte das mulheres gastam suas energias se defendendo ou discutindo o assunto. À medida que forçam o esposo a assumir *sua* responsabilidade pelo que aconteceu, elas não veem sua situação melhorar. "Foi levado como a ovelha para o matadouro; e, como está mudo o cordeiro diante do que o tosquia, assim não abriu a sua boca" (Atos 8:32).

Estas são as mulheres que enviam e-mails para mim querendo saber o que está impedindo sua restauração. Mas quando eu ouço sobre suas atitudes aviltantes e condescendentes, eu sei porque! Você pode humildemente aceitar o que estou falando? Se você não pode, você imagina porque seu marido escolheu deixá-la? "Toda mulher sábia edifica a sua casa, mas a tola a derruba com as mãos" (Provérbios 14:1).

(Para encorajamento, por favor leia o testemunho no final do Capítulo 12, "Buscando a Deus", sobre uma mulher que, humildemente deixou o marido ir, não ficou com raiva de Deus, e se viu com um casamento restaurado depois que seu marido se casou!)

Concentre-se em amar o detestável! Quando você ama e respeita seu marido, mesmo quando ele é detestável, desagradável e está em pecado, você estará mostrando a ele amor incondicional. "Pois, se amardes os que vos amam, que galardão tereis? Não fazem os publicanos também o mesmo?" (Mateus 5:46). Dê a Deus suas dores. Ele vai ajudá-la a amar seu marido, basta você somente *pedir* a Ele.

O ministério da reconciliação. Como filhos de Deus devemos ser embaixadores do amor de Deus e isto levará outros ao Senhor. "(Deus) nos deu o **ministério da reconciliação**. Isto é, Deus estava em Cristo reconciliando consigo o mundo, *não lhes imputando os seus pecados*; e pôs em nós a palavra da reconciliação. De sorte que somos **embaixadores da parte de Cristo**..." (2 Coríntios 5:18-20).

Você tem contabilizado? Você tem repassado os pecados e falhas de seu marido em sua mente enquanto revela os pecados dele aos outros? Lembre-se que a Misericórdia de Deus se renova a cada manhã, e a sua?

Nosso primeiro campo missionário. Sua atitude pode ser: 'Por que devo ministrar ao meu marido, o pecador?' Porque o Senhor nos deu *nossos* **maridos** e nossos filhos como nosso primeiro 'campo missionário', antes de verdadeiramente podermos ser efetivos para os outros.

Nós, é claro, queremos correr à frente de Deus antes de estarmos realmente prontas e ministrar na igreja, em nossa vizinhança e no trabalho, enquanto negligenciamos nosso ministério **em casa**! Se você não ganhou seu marido e filhos para o Senhor, como pode ganhar o perdido?

Muitas mulheres agem como vítimas que têm que viver com um descrente. Embora elas sejam as primeiras a afastar seus maridos e filhos de Deus. Um Fariseu que assiste aos cultos e então age de forma arrogante e 'espiritual' impede o perdido de querer um relacionamento com Deus! Esta é você?

Deus quer que aprendamos contentamento *antes* Dele transformar nossos maridos. Se você continua a choramingar e lamentar-se sobre sua situação, então prepare-se para permanecer nela! Podemos ver na vida de Paulo: "Não digo isto como por necessidade, porque **já aprendi a contentar-me** com o que tenho. Sei estar abatido e sei também ter abundância; em toda a maneira, e em todas as coisas **estou instruído**, tanto a ter fartura, como a ter fome; tanto a ter abundância, como a padecer necessidade" (Filipenses 4:11-12).

Paulo continua e diz (o versículo que você ouve tão frequentemente): "Posso todas as coisas em Cristo que me fortalece" (Filipenses 4:13). Você ficará em dificuldades até que tenha *aprendido* contentamento neste período!

Consolar outros

Quando as mulheres vêm a nós, querem saber: 'Como posso lidar com e superar a destruição que tem contaminado nossas vidas a *anos?*' 'Como posso superar esta dor e confusão?' A resposta é: buscando a sabedoria e a verdade. Provérbios 23:23 diz: "Compra a verdade, e não a vendas; e também a sabedoria, a instrução e o entendimento." O desejo de meu coração é compartilhar com você a verdade, com o objetivo de libertá-la. "E conhecereis a verdade, e a verdade vos libertará" (João 8:32).

Deixe-me começar afirmando a você que basicamente *todos* os princípios deste livro irão ajudá-la a restaurar seu casamento, mesmo que seu marido seja abusivo ou tenha problemas com álcool, drogas ou pornografia. A maior parte das mulheres que vem ao nosso ministério estão lidando com adultério e um ou mais dos pecados mencionados acima.

Mesmo que a maioria dos testemunhos não reflitam esses pecados porque essas mulheres não querem envergonhar seus maridos (mesmo o meu próprio testemunho), essas outras situações existem, mas foram superados, seguindo os princípios neste livro e especialmente no livro *Uma Mulher Sábia*. Uma mulher que é respeitosa em sua atitude e em suas palavras com o seu marido, juntamente com um espírito de submissão, terá transformada essa situação abusiva, Deus garante isso!

Lidando com os pecados de seu marido

Se seu marido está em algum pecado, como você deveria lidar com isto, como sua esposa? Não como o mundo o faz!!! Os caminhos do mundo trarão destruição, mas os princípios de Deus trarão vitória. Aqui está a prescrição de Deus, direto de Sua Palavra:

Sem palavras. Como aprendemos anteriormente, a Bíblia é clara ao dizer que devemos respeitosamente nos manter quietas e não tentar discutir com nossos maridos quando estão em desobediência à Palavra de Deus (1 Pedro 3:1-2). Não cometa o erro de falar com seu marido sobre seu pecado, fale com Deus somente. Da mesma forma, eu insisto que você não fale com outros a respeito disto também. Duas coisas acontecem quando você faz isto. Em primeiro lugar, isto nos coloca em oposição ao Senhor. "Aquele que murmura de seu próximo às escondidas, Eu (Deus) o destruirei..." (Salmos 101:5).

Em segundo lugar, quando você descobre pecados e fraquezas dele aos outros, isto faz com que seja quase impossível para ele voltar e se arrepender. Quando qualquer um na igreja e todos seus familiares e amigos sabem que ele tem vivido em adultério (ou algum outro pecado), você fez com que isto seja quase impossível para ele voltar atrás. Nós não devemos confessar os pecados dos outros. Confessar seus próprios pecados é bem diferente de revelar os pecados dos outros. Isto também traz sua própria maldição: "E viu Cão, o pai de Canaã, a nudez do seu pai, e **fê-lo saber** a ambos seus irmãos no lado de fora. E disse (Noé): Maldito seja Canaã..." (Gênesis 9:22-25).

Este versículo confirma o princípio que lemos anteriormente no Salmo 101:5. Foi dito que nós não devemos difamar ninguém! Entretanto, eu estou ciente de que é muito difícil manter tudo o que você está vivendo como um segredo. É por isto que nos foi dito em Mateus 6:6 "...entra no teu aposento e, fechando a tua porta, ora a teu Pai que está em secreto; e teu Pai, que vê em secreto, te recompensará publicamente." Quando você não tiver ninguém com quem falar, você *tem que* despejar seu coração para Deus! De qualquer forma, Ele é o Único que pode realmente mudar seu marido e sua situação! Mas quando contamos a todos que perguntam ou que irão escutar, quando falamos no telefone por horas sobre isto, ou até mesmo despejamos tudo isto com nossos pastores ou conselheiros (terapeutas ou analistas), falharemos em usar esta urgência em nosso aposento fechado! Eu encorajo mulheres a fazer o que funciona. Eu sei pessoalmente que isto funciona, e que qualquer outra solução não funciona.

Jejue. A melhor forma de libertar um marido que está preso ao pecado é jejuar e orar por ele. "Porventura não é este o jejum que escolhi, que soltes as ligaduras da impiedade, que desfaças as ataduras do jugo e que deixes livres os oprimidos e **despedaces** *todo* **o jugo**?" (Isaías 58:6). Há mais sobre o jejum no Capítulo 16 - "As Chaves dos Céus", que você precisa ler.

Vença o mal com o bem! A outra forma é superar o mal fazendo o bem! "Não te deixes vencer do mal, mas vence o mal com o bem" (Romanos 12:21). A Bíblia não mente. Embora 'experts' atuais digam que você 'dá permissão' à pessoa que bebe, toma drogas ou etc., ao ser mansa e amorosa, a Palavra nos diz o oposto. Em quem você escolhe acreditar e obedecer? O amor é uma das armas mais poderosas que temos e é garantido que funcione. Deus diz que como devemos lidar com nossos inimigos ou com aqueles que nos

8. Ganhe sem palavras

machucaram. Amar seu marido agora, no meio de seu pecado, é certamente vencer o mal com o bem!

Provérbios 10:12: "...o *amor* cobre **todos** os pecados."

1 Pedro 4:8: "Mas, sobretudo, tende **ardente amor** uns para com os outros; porque **o amor *cobrirá* a multidão de pecados**."

1 Coríntios 13:8: "O amor *nunca* falha..."

1 Tessalonicenses 5:15: "Vede que ninguém dê a outrem mal por mal, mas segui sempre o bem, tanto **uns para com os outros**, como para com todos."

Romanos 12:14-17: "Abençoai aos que vos *perseguem*, **abençoai e não amaldiçoeis**. Alegrai-vos com os que se alegram; e chorai com os que choram. Sede unânimes entre vós; não ambicioneis coisas altas, mas acomodai-vos às humildes; não sejais sábios em vós mesmos. **A ninguém torneis mal por mal**; procurai as coisas honestas, perante todos os homens."

Jesus disse estas palavras em Mateus 5:44-46: "Eu, porém, vos digo: **Amai a vossos inimigos,** bendizei os que vos maldizem, fazei bem aos que vos odeiam, e orai pelos que vos maltratam e vos perseguem...Pois, se amardes os que vos amam, que galardão tereis? Não fazem os publicanos (ou pecadores) também o mesmo?"

Testemunho: Ela mandou seu marido ir embora!

Uma mulher veio ao Ministério Restaurar e estava com raiva, ressentimento e amargura! Ela buscou ajuda em todos os lugares: grupos de apoio, terapeutas e muitos livros, para resolver os problemas que tinha com seu marido, que ela dizia que era "alcoólatra" e "viciado em drogas".

Ela já tinha tido o suficiente! Ela expulsou seu marido de casa, como já havia feito algumas vezes antes. Esteve seguindo o conselho de todo mundo e, infelizmente, nada parecia mudar sua situação, mas, inevitavelmente, as coisas ficaram muito piores. O que ela aprendeu em nosso ministério foi diferente de tudo que já tinha lido ou ouvido anteriormente. Finalmente, ela disse, ouviu a verdade.

Disse que finalmente aprendeu que as razões de seus problemas eram todas diferentes do que lhe foi dito repetidamente. Ela nos disse que tinha sido tão profundamente doutrinada em psicologia e ideias não bíblicas, que não podia mais discernir a verdade. Quando leu os princípios, a Palavra de Deus se tornou uma espada, cortando através de sua medula!

Aprendeu sobre o perigo de dominar sobre seu marido, como quando ela mandou ele ir embora de casa. Aprendeu a forma correta de ganhar um marido desobediente: sem palavras. Aprendeu como lidar com um homem que estava preso ao pecado do álcool, a jejuar e orar por ele. Ela aprendeu que uma separação forçada encoraja o adultério e *sempre* aumentaria suas provações.

Dentro de uma semana, leu todos os versículos listados neste livro e marcou-os em sua Bíblia. Para seu espanto, ela não podia encontrar **nenhuma** base bíblica para as ações que tinha tomado com seu marido.

Ela até ligou para sua igreja e implorou que eles lhe mostrassem que o que estava fazendo era realmente correto. Disse que precisava desacreditar os versículos que leu neste livro. Eles não puderam dar a ela nenhuma base bíblica. Apenas encorajaram-na a manter seu marido fora de casa e não permitir que ele voltasse.

Em toda sua confusão, dor e raiva, esta mulher realmente estava procurando pela verdade. Finalmente pediu que seu marido voltasse para casa. Então, ela deu a ele o respeito como o cabeça de seu lar e como líder espiritual, pela primeira vez em seu casamento. A reconstrução de seu lar não foi nem fácil nem rápida, embora tenha sido *sempre* estável. Seu marido depois confessou que esteve planejando cometer adultério após ela ter forçado que ele fosse embora. Seu marido tem estado em casa há mais de nove anos, livre das drogas e do álcool! Ele é até diácono numa grande igreja.

Testemunho: Marido liberto do álcool

Uma mulher contatou nosso ministério. Ela atingiu o máximo com o alcoolismo de seu marido. Tentou aplicar todos os métodos que leu sobre esposas de alcoólatras. Entretanto, descobriu que cada recuperação era apenas temporária. Seu casamento estava despedaçado.

Eles se tonaram estranhos. Ela sentia que se ele realmente a amasse ele pararia de beber. Do outro lado, seu marido estava convencido de que ela não o amava mais por causa da forma com que o estava tratando. Ele disse que o tratamento dela como se fosse doente, apenas fez com que bebesse mais, pois sentia que não havia esperança. Ela disse que amava seu marido, mas todos os livros diziam que devia afastar-se dele porque eram codependentes e ela havia se tornado a sua "facilitadora". Ela nos disse que havia "tentado de tudo" e estava prestes a desistir. Nós a encorajamos a 'buscar a Deus'. Ela disse que havia tentado isto. Disse que foi ao seu pastor, que confrontou seu marido, o que apenas tornou as coisas mais difíceis, ele saiu da igreja.

Quando realmente chegou ao fim de si mesma, clamou ao Senhor. Na manhã seguinte encontrou uma mulher que teve seu casamento restaurado e que concordou em orar por ela. Apenas duas semanas depois, quando pensava que seu marido estava no trabalho, recebeu um telefonema dele. Ele estava no *"Teen Challenge"* buscando ajuda. O marido desta mulher tornou-se, três meses depois, um homem totalmente transformado com anseio pelo Senhor. Ele se tornou o líder espiritual de sua família e membro ativo em sua nova igreja. *Você pode tentar de tudo, mas quando você faz isto, eu afirmo, somente torna as coisas ainda piores. Busque Deus* **somente!!!** *Siga a Deus, confie Nele, e Ele transformará sua situação num instante.*

Não provoque

A Bíblia nos adverte: "...não os molestes e com eles não contendas..." (Deuteronômio 2:19). Quando você provoca alguém que está sob o domínio das drogas, álcool ou da sedução de uma mulher adúltera, você se coloca em grave perigo. Provérbios 18:6 nos diz: "Os lábios do tolo entram na contenda, e a sua boca brada por açoites".

Se a violência física se tornou parte de seu casamento, você precisa prestar atenção neste versículo bíblico e garantir que isto não esteja acontecendo por causa de suas atitudes e palavras desrespeitosas para com seu marido. Deus adverte as mulheres para nem sequer falar com os maridos quando estiverem sendo desobedientes à Palavra de Deus e garantir que fiquem em silêncio com uma atitude respeitosa (veja 1 Pedro 3:1-2). Deus também nos diz em Efésios 5:33 que "a mulher *trate* o marido *com todo* o **respeito**."

Com muita frequência, depois de você atacar verbalmente o caráter de seu marido, alguém desfere um golpe. Frequentemente, é a mulher que bate primeiro porque está muito magoada por algo que seu marido disse. Infelizmente, depois do primeiro soco, a violência física se torna uma norma. E, uma vez que a violência tenha sido trazida para dentro de um lar ou casamento, ela se transforma na maior parte da destruição.

Aqueles que estão em nosso ministério que superaram a violência em seus casamentos estão convencidos que se for destruído a raiz do problema, que todos concordam que começa com uma atitude desrespeitosa, cortes e palavras humilhantes, juntamente com a rebelião (recusando-se a se comportar como a Bíblia ordena que as mulheres devem fazer), isso é exterminada para o bem. Este testemunho confirma esta verdade.

8. Ganhe sem palavras

Testemunho: Em suas próprias palavras

Eu li este testemunho na revista Crowned With Silver (revista americana). Estou reproduzindo isto para vocês, com a permissão da revista e da autora do artigo.

"A história seguinte é, eu espero, um encorajamento para outras que podem estar na mesma situação em que me encontrei. Deus tem muitas maneiras de alcançar seu povo e minha história pode fazer com que o endurecido de coração me chame de *"Raca"* ou "tola", mas o Senhor alcançou meu marido através de algumas circunstâncias difíceis. Eu peço, queridas irmãs, que vocês não coloquem meu nome no final do artigo, pois me preocupo que meu marido não receba a honra que lhe é devida aos olhos de minhas filhas se elas lerem isto.

Meu marido e eu crescemos numa comunidade com uma igreja e casamos como namoradinhos de colégio. Eu sempre fui uma mãe que ficava em casa e meu marido era mecânico de automóveis. Nós vínhamos de famílias muito diferentes. Ele cresceu com quatro irmãos e duas irmãs e eu vim de uma família com apenas duas garotas. Os membros de sua família estavam sempre discutindo alto, brigando e dando um soco aqui e ali quando estavam fazendo valer seu ponto de vista. Minha família era muito quieta. Quando eu e minha irmã brigávamos, o fazíamos silenciosa e maliciosamente. Não usávamos palavras para provocar uma a outra, fazíamos algo para nos vingarmos.

No início de nosso casamento, éramos bebês na fé cristã, mas eu tinha sede por mais de Deus. Meu marido estava contente exatamente onde ele estava há 23 anos. Ele tinha feito uma confissão de fé e sabia que tinha sido salvo. Isto era bom o suficiente para ele. Eu, de outro lado, sabia que tinha que haver mais. Sabia que Deus era suficiente para me sustentar pelo resto de minha vida e queria viver uma vida diferente da do mundo a minha volta.

Nós lutávamos financeiramente. Com o nascimento de nossa primeira filha, mal estávamos dando conta em nosso apartamento de um quarto. Meu marido era como uma corda esticada. Eu tentava manter o bebê quieto para fazer a vida mais pacífica e menos irritante para ele. Nosso relacionamento era melhor durante os dias de semana, porque ele não estava muito em casa. Mas brigávamos nos finais de semana. E então eu começava com minha velha tática, que usei crescendo com minha irmã.

Eu não brigaria de volta, ou gritaria, ou berraria. Eu simplesmente... me vingaria. Quando estávamos brigando, eu não fazia o jantar, ou eu não lavava roupa por uma semana e ele tinha que vestir roupas sujas. Eu fazia algo que sabia que o atingiria. Mas não seria algo pelo qual ele poderia realmente me acusar. Eu podia seguir com isto porque não era gritante. A vida seguiu assim por alguns anos. Tivemos as duas meninas neste momento e, então, aquela corda esticada em que eu e meu marido estávamos andando rompeu.

Num sábado, estávamos discutindo a respeito do que deveríamos fazer com os 20 dólares extras em seu pagamento. Meu marido queria ir ao jogo e eu queria que ele nos levasse para jantar fora. Ele gritou que trabalhou pelo dinheiro e que merecia um pouco de diversão e virou-se para sair. Então eu dei nele um pequeno... empurrão com meu cotovelo. (Penso que toda a pressão das brigas e discussões que eram constantes em nossas vidas, de alguma forma, trouxe de volta sua interação com seus irmãos). Ele imediatamente levantou seu braço e deu um soco de volta no meu braço, o mais forte que ele poderia dar. Eu nunca vi tanta fúria direcionada a uma pessoa: eu!

A dor que senti. Acho que a dor física não era tão forte quanto a dor emocional e espiritual. Veja, eu vinha tentando crescer no Senhor em todas as áreas da minha vida, menos no meu casamento. Era uma tortura ler os versículos que falavam sobre o Senhor ser o noivo e nós sermos a noiva e, de alguma forma, nosso casamento deveria ser um exemplo de nosso relacionamento com Cristo. Isto era terrível!

Se meu casamento e o relacionamento que tinha com meu marido eram de alguma forma semelhantes ao meu relacionamento com Cristo, então eu estava em grandes problemas! Acho que, uma vez que o limite tinha sumido, o tabu de bater em sua esposa havia sido quebrado, meu marido se sentiu sem esperanças. Mais e mais, brigar acabaria desta forma. Eu tentava esconder isto das crianças, mas algumas vezes não havia como. Penso que isto me machucava mais do que qualquer outra coisa.

Provérbios diz que os pais são a glória dos filhos. Se os pais deveriam ser sua glória, então minhas filhas deviam se sentir traídas e desconfiadas de todas as coisas, até de Deus. Como elas estavam sendo ensinadas na Palavra, elas se tornariam desconfiadas até da Bíblia, se algo não acontecesse para curar este casamento destruído.

Sim, mesmo que meu marido e eu ainda estivéssemos casados e não tenhamos nos divorciado, nós tínhamos um casamento destruído. Nunca disse para minhas amigas da igreja o que estava passando. Disse a uma amiga íntima que minha 'prima' estava passando por algumas coisas, para conseguir algum conselho ou falar sobre os problemas. Mas todo o conselho que esta amiga me deu foi que eu devia abandonar o monstro. Disse que havia nomes para este tipo de tratamento e que somente uma tola ficaria com um homem destes.

Mas havia um problema. Era um voto que havia feito a Deus alguns anos atrás de que iria ficar com este homem na saúde e na doença, nos bons e nos maus momentos, até que a morte nos separasse... E ainda que sentisse que não havia nenhum amor restante em meu ser pelo homem com quem me casei, eu ainda amava a Deus. Eu amava a Deus com cada fibra do meu ser. Eu O amava tanto que não quebraria meus votos de casamento, que eu disse diante Dele sete anos antes.

Ficar com meu marido foi um compromisso que fiz ao Senhor no dia que casamos, diante Dele. Eu me voltei para nosso Pai Celestial. Tantas vezes no passado eu me voltei para conselhos seculares em leituras. Eu ouvia minhas amigas falarem mal de seus maridos, e tantas coisas mais. Eu sabia que a única forma de conseguir qualquer ajuda, seria buscando o Senhor e encontrando Ele e Sua ajuda.

O Senhor revelou a verdade para mim de formas tão simples. Deveria parar de culpar meu marido como o mundo nos diz para fazer e olhar para as coisas que eu estava fazendo errado em meu casamento. Abandonando a aversão, a raiva e o ressentimento que sentia por meu marido, decidi substituir estas emoções por perdão, compreensão e amor. Arrependi-me de vingar-me de tantas formas com o objetivo de fazer meu marido sentir-se miserável. E o Senhor começou a me transformar!

Há muito mais para dizer, mas deixe-me dizer apenas que Deus está no negócio da transformação. Se rendermos toda nossa vida para Ele, Ele está presente para nos guiar através das horas mais escuras! Eu agora estou casada há 21 anos com o mesmo marido. No momento em que ele sentiu o ressentimento e ódio se esvaindo de cada poro de meu ser, então começou a sentir amor e perdão em relação a ele.

Agora não discutimos como costumávamos, porque ambos nos amamos tanto que queremos o que o outro quer. Não mais colocamos a nós mesmos acima das necessidades do outro! Deus é tão maravilhoso! Veja, o Senhor me transformou primeiro, e então Ele transformou meu marido! Mas foi o Senhor que fez a transformação!

Testemunho: Esconda-me debaixo da sombra das tuas asas

Elaine* sofreu muitos maus tratos. Desde o momento em que estava grávida de seu primeiro filho, seu marido a maltratava repetidamente, em uma fúria. Ela tinha tentado de tudo: abrigos, casa de amigos, voltar para a casa de seus pais, até oficiais de justiça, mas nada era permanente.

Depois das violentas explosões de seu marido, ele se tornava arrependido, cheio de remorso e até mais gentil com ela. Ele buscaria tentar e "compensar" para ela. Ele imploraria que ela "por favor o perdoasse". Sendo cristã, ela perdoaria. Mas, da mesma forma, ele logo seria violento novamente.

Depois de três filhos e nenhum sinal de esperança, ela pensou em seguir sua própria vida. Mas como ela poderia deixar as crianças com este homem violento? Ela não podia. Ela teria que cuidar de suas pequenas vidas da mesma forma. Mas assassinato! Ela pensou várias vezes a respeito de matar seu marido, especialmente no meio de seus ataques. Mas como ela, uma cristã, poderia pensar desta forma?

Uma noite, ela foi a uma reunião de oração em sua igreja. Não ouve nenhum chamado ao altar, mas Elaine caminhou lentamente para o altar durante a última música e deixou seus fardos ali. Pela primeira vez em que podia se lembrar, entregou a situação completamente ao Senhor.

Ela chorou lágrimas de dor aos pés da cruz. Ela entregou tudo para Ele. E se rendeu: "Senhor, se você quer que eu continue com este homem, eu vou continuar. Nunca tentarei fugir novamente ou buscar ajuda. Eu aceito esta vida que Você me deu. Meus filhos são seus. Faça o que quiser com todos nós".

Elaine voltou para casa aliviada de que as coisas finalmente se acalmaram em seu coração. No dia seguinte, enquanto seus filhos estavam na escola e ela e o bebê estavam no supermercado, Deus **moveu em sua vida**. Seu marido deixou o emprego, veio para casa e arrumou suas coisas. O marido de Elaine desapareceu naquele dia. Isto foi há 21 anos atrás.

Elaine ainda está legalmente casada com um marido que ela não vê ou ouve falar há mais de duas décadas. Seus filhos estão todos crescidos e sua filha mais nova acabou de se casar. Ela e seus filhos têm um relacionamento íntimo com o Senhor. Elaine continua a viver escondida debaixo da sombra das Suas asas (Salmos 17:8).

"E eles o **venceram** pelo *sangue do Cordeiro* e "Pela Palavra do Seu Testemunho"; e não amaram as suas vidas até à morte" (Apocalipse 12:11).

*Este não é seu nome real.

Para ler mais testemunhos poderosos, visite nosso site AjudaMatrimonial.com ou adquira a cópia do livro *Pela palavra do seu testemunho*.

Compromisso pessoal: de orar ao Pai ao invés de rapidamente falar com meu marido. "Baseado no que tenho aprendido da Palavra de Deus, comprometo-me a permitir a Deus mover meu marido através do Espírito Santo. Vou, ao invés, 'submergir todos meus desejos e preocupações em oração', ao buscar a face de Deus. Entendo que a única maneira de ganhar meu marido para a justiça, especialmente na minha circunstância atual, é 'sem palavras' e com meu espírito respeitável e humilde. Abençoarei e orarei por aqueles que me perseguem e vencerei o mal com o bem. Confiarei no Senhor e em Sua proteção ao invés de confiar nas armas da carne".

Data: _____ Assinatura: _____

Capítulo 9

Espírito manso e quieto

"Seja o adorno da esposa...
o homem encoberto no coração;
no incorruptível traje de
um espírito manso e quieto,
que é precioso diante de Deus".
—1 Pedro 3:3-4

Mulheres tempestuosas são comuns nos dias de hoje. Tempestuoso é definido como "ofensivamente barulhento e insistente". Isto não é somente aceito, mas também encorajado através da nossa mídia.

Infelizmente, atualmente este comportamento também tem influências na igreja e nos Cristãos. É de assustar que a taxa de divórcio seja maior na igreja do que a taxa entre os não-cristãos?

Uma mulher com um "espírito manso e quieto" é chamada de capacho. É dito a ela que seu marido não a respeitará se ela mesma não se impuser.

Maridos até mesmo dizem a suas esposas que elas devem lutar e defender a si mesmas e ao mesmo tempo dão entrada no divórcio e ficam com a outra mulher. Deus diz que um espírito manso e quieto é precioso para Ele e é o único caminho em direção à cura e restauração.

De qualquer forma, quando um marido se desvia da verdade e cai em pecado, você ouve Cristãos, até mesmo pastores, aconselharem esposas a agirem com um 'amor difícil', embora isto não seja bíblico e destrua casamentos. Além do mais, isto resulta em uma 'coração endurecido' que, inevitavelmente, resultará numa esposa sem vontade ou incapaz de perdoar seu marido. Somente um coração de carne, um coração quebrantado, é capaz de realmente perdoar.

Neste capítulo buscaremos a verdade a respeito do chamado 'amor difícil' e da cura que vem através do perdão.

Amor difícil?

O amor é paciente. Deus nos dá uma descrição do amor. Veja se consegue achar a palavra 'difícil' ou qualquer palavra similar: "**O amor é sofredor paciente**, é benigno; o amor não é invejoso; o amor não trata com leviandade, não se ensoberbece. Não se porta com indecência, não busca os seus interesses, **não se irrita, não suspeita mal**, não folga com a injustiça, mas folga com a verdade. Tudo sofre, tudo crê, tudo espera, tudo suporta. O amor nunca falha..." (1 Coríntios 13:4-8).

Este versículo prova que não há lugar para "amor difícil" num casamento, de ambos os lados. O amor que Jesus viveu e para o qual nos chamou é "difícil" de viver, mas nunca "difícil" em resposta ao outro a quem amamos.

Isto Eu vos ordeno. Outra frase popular na igreja atualmente é: 'O amor é uma escolha'. Leia comigo o seguinte versículo para ver se Deus diz que podemos 'escolher' amar. Ou Deus nos **ordena** que amemos, como imitadores de Cristo? "Isto vos **mando**: Que vos **ameis uns aos outros**" (João 15:17). Temos sim uma escolha: de obedecer a Seu **comando** ou não. Isto não é exatamente o que os psicólogos Cristãos estão nos dizendo, é?

Ame seus inimigos. Nossos amigos encorajam-nos a "protegermos a nós mesmas" ou a "não amar aqueles que são difíceis de amar". Devemos amá-los ou não? "Mas a vós, que isto ouvis, digo: **Amai a vossos inimigos**, fazei bem aos que vos odeiam, bendizei os que vos maldizem, e orai pelos que vos caluniam" (Lucas 6:27-28).

Nesta passagem Deus é até mais claro. Ele até admoesta aqueles que só amam aos que são amáveis: "Eu, porém, vos digo: **Amai a vossos inimigos**, bendizei os que vos maldizem, fazei bem aos que vos odeiam, e orai pelos que vos maltratam e vos perseguem...Pois, **se**

9. Espírito manso e quieto 109

amardes os que vos amam, que galardão tereis? Não fazem os publicanos também o mesmo?" (Mateus 5:44-46).

Dê lugar à ira de Deus. No livro que diz para sermos "difíceis" com nossos maridos, é dito para confrontarmos, causarmos uma crise. Em outras palavras, temos que tomar o assunto em nossas próprias mãos. O que Deus nos instrui a fazer?

"Alegrai-vos na esperança, sede pacientes na tribulação, perseverai na oração. Abençoai aos que vos perseguem, abençoai, e não amaldiçoeis. A ninguém torneis mal por mal; procurai as coisas honestas, perante todos os homens. Se for possível, quanto estiver em vós, tende paz com todos os homens. Não vos vingueis a vós mesmos, amados, mas **dai lugar à ira (de Deus)**, porque está escrito: MINHA É A VINGANÇA; EU RECOMPENSAREI, diz o Senhor" (Romanos 12:12, 14, 17-19).

Não ameaçava. Você pode se perguntar: 'Por que devo suportar tanto sofrimento e nem ter a satisfação da vingança?' Leia a explicação de Deus para seu sofrimento:

"Porque para isto sois chamados; pois também Cristo padeceu por nós, deixando-nos o exemplo, para que sigais as Suas pisadas. Quando O injuriavam, **não injuriava**, e quando padecia **não ameaçava**, mas entregava-se Àquele (Deus) que julga justamente" (1Pedro 2:21-23).

Vence o mal com o bem. "Portanto, se o teu inimigo tiver fome, dá-lhe de comer; se tiver sede, dá-lhe de beber; porque, fazendo isto, amontoarás brasas de fogo sobre a sua cabeça. Não te deixes vencer do mal, mas **vence o mal com o bem**" (Romanos 12:20-21).

Bem-aventurados são os mansos. Se você não tomar o assunto em suas próprias mãos e esperar confiantemente em Deus, os outros (até mesmo Cristãos), dirão que você é um capacho. Entretanto, deixe-me lembrar-lhe quem Jesus disse que são "bem-aventurados": "**Bem-aventurados os *mansos*, porque eles herdarão a terra**" (Mateus 5:5). Jesus escolheu entregar Sua vida e permitir que Seus inimigos o ferissem. Devemos seguir Seus passos ou não?

A justiça de Deus. As pessoas podem até lembrar-lhe de quando Jesus derrubou as mesas no Templo. Vão usar este exemplo para dizer que você tem o 'direito' de ficar com raiva dos outros. Deus diz que Ele é um Deus 'ciumento'. Podemos ser ciumentas também? "Portanto, meus amados irmãos, todo o homem seja pronto para ouvir, tardio para falar, tardio para se irar. Porque **a ira do homem *não* opera a justiça de Deus**." (Tiago 1:19-20).

Para que você não faça o que quer. Quando tivermos um impulso para fazer ou dizer alguma coisa que não seja gentil a alguém, então estamos andando na carne e não no Espírito. "Digo, porém: Andai em Espírito, e não cumprireis a concupiscência da carne" (Gálatas 5:16).

Porque a carne cobiça contra o Espírito, e o Espírito contra a carne; e estes opõem-se um ao outro, **para que não façais o que quereis**. Mas o fruto do Espírito é: amor, gozo, paz, longanimidade, benignidade, bondade, fé, mansidão, temperança" (Gálatas 5:17 e 22-23). "E como vós quereis que os homens vos façam, **da mesma maneira lhes fazei vós**, também" (Lucas 6:31).

A benignidade de Deus. É um engano pensar que confrontar e ser indelicada e dura vá fazer a outra pessoa se arrepender. Se isto funcionasse, porque Deus usaria benignidade para nos conduzir ao arrependimento? Pecadores não se voltam em direção a Jesus porque pensam que serão criticados ou castigados, não é? "Ou desprezas tu as riquezas da Sua benignidade, e paciência e longanimidade, ignorando que **a benignidade de Deus** te leva ao arrependimento?" (Romanos 2:4).

Ninguém verá o Senhor. Outra razão extremamente importante para seu espírito manso e quieto ao lidar com seu marido (ou outros), é que devemos permitir que os outros vejam a Cristo em nós. "*Segui a paz com todos*, e a santificação, sem a qual **ninguém verá o Senhor**" (Hebreus 12:14).

Não ache que você pode agir com mansidão com seu marido, mas agir terrivelmente com seus filhos, parentes ou colegas de trabalho. Deus está vendo e Ele é o único que converterá o coração de seu marido. Nada está oculto para Ele. Não nos esqueçamos de que Ele está olhando nossos corações, desta forma, mesmo se você tentar controlar sua raiva, Ele está olhando mais profundamente! Você deve "morrer para si mesma".

O ministério da reconciliação. Devemos ser embaixadoras de Cristo na reconciliação. "E tudo isto provém de Deus, que nos reconciliou consigo mesmo por Jesus Cristo, e nos deu o **ministério da reconciliação**. Isto é, Deus estava em Cristo reconciliando consigo o mundo, não lhes imputando os seus pecados; e pôs em nós a palavra da reconciliação. (2 Coríntios 5:18-19).

De sorte que somos **embaixadores** da parte de Cristo, como se Deus por nós rogasse. *Rogamo-vos*, pois, da parte de Cristo, que vos reconcilieis com Deus" (2 Coríntios 5:20).

Para que você não seja tentada também. O seguinte versículo é uma advertência para quando não somos mansas com outros que pecaram contra nós. "Irmãos, se algum homem chegar a ser surpreendido nalguma ofensa, vós, que sois espirituais, encaminhai o tal com espírito de mansidão; olhando por ti mesmo, **para que não sejas também tentado**. Levai as cargas uns dos outros e assim cumprireis a lei de Cristo" (Gálatas 6:1-2).

Para que o Senhor não veja isto e Se desagrade. Muitas mulheres ficaram tão felizes ao verem seus maridos 'receberem o que mereciam' quando Deus os puniu com dificuldades financeiras ou outras provações. E então, viram a situação de seus maridos serem transformadas para melhor. Porque isto acontece? "Quando cair o teu inimigo, não te alegres, nem se regozije o teu coração quando ele tropeçar. Para que, **vendo-o o Senhor, seja isso mau aos Seus olhos**, e desvie dele a Sua ira" (Provérbios 24:17).

Praticantes da Palavra. É importante que nós aprendamos a verdade e concordemos com o que lemos na Bíblia, mas não devemos parar por aí. "E sede **cumpridores da Palavra**, e não somente ouvintes, enganando-vos com falsos discursos... não sendo ouvinte esquecidiço, mas fazedor da obra, este tal será bem-aventurado no seu feito" (Tiago 1:22, 25). "Aquele, pois, que **sabe fazer o bem** e não o faz, comete pecado" (Tiago 4:17).

O engano dos homens abomináveis. Deus adverte-nos de que não devemos ouvir ou seguir pessoas que digam algo contrário à Palavra de Deus. "Por isso, amados, aguardando estas coisas, procurai que Dele sejais achados imaculados e irrepreensíveis em paz. E tende por salvação a longanimidade de nosso Senhor; como também o nosso amado irmão Paulo vos escreveu, segundo a sabedoria que lhe foi dada; falando disto, como em todas as suas epístolas, entre as quais há pontos difíceis de entender, que os indoutos e inconstantes torcem, e igualmente as outras Escrituras, para sua própria perdição. Vós, portanto, amados, sabendo isto de antemão, guardai-vos de que, **pelo engano dos homens abomináveis, sejais juntamente arrebatados**, e descaiais da vossa firmeza. Antes crescei na graça e conhecimento de nosso Senhor e Salvador, Jesus Cristo" (2 Pedro 3:14-18).

"Amor difícil" é errado e contradiz totalmente os ensinamentos e o exemplo de Jesus. Ao invés disto, vamos **aprender** de Jesus, que descreve a si como "manso e humilde de coração". "Tomai sobre vós o meu jugo, e aprendei de mim, que sou manso e humilde de coração; e encontrareis descanso para as vossas almas. Porque o meu jugo é suave e o meu fardo é leve" (Mateus 11:29-30).

Perdão

Somente uma mulher que é mansa e quieta pode perdoar seu marido. Entretanto, muitas mulheres têm sido enganadas e não perdoam seus maridos porque não entendem completamente as graves consequências de sua falta de perdão. Vamos pesquisar as Escrituras para ver o que Deus diz sobre perdoar aos outros. Eis algumas questões que devemos perguntar:

Q. Por que devo perdoar meu marido e as outras pessoas envolvidas?

Cristo também lhe perdoou. Nós perdoamos porque Deus nos perdoou. "Antes sede uns para com os outros benignos, misericordiosos, perdoando-vos uns aos outros, como também Deus **vos perdoou em Cristo**" (Efésios 4:32).

O precioso sangue da aliança. Jesus derramou seu sangue para o perdão de pecados, até mesmo o pecado de seu marido! "E quase todas as coisas, segundo a lei, se purificam com sangue; e sem derramamento de sangue não há remissão (perdão)" (Hebreus 9:22). "Porque isto é o meu sangue; o sangue (da aliança) do novo testamento, que é derramado por muitos, **para remissão dos pecados**" (Mateus 26:28).

Reafirme seu amor por ele. Para aliviar o pesar do ofensor: "...deveis antes perdoar-lhe e **consolá-lo**, para que o tal não seja de modo algum devorado de demasiada tristeza. Por isso *vos rogo* que **confirmeis para com ele o vosso amor**" (2 Coríntios 2:7-8).

Não permita que o inimigo ganhe vantagem sobre nós. Satanás pode usar a falta de perdão contra você para ganhar vantagem. "E a quem perdoardes alguma coisa, também eu; porque, o que eu também perdoei...por amor de vós o fiz na presença de Cristo; para que **não sejamos vencidos por Satanás**, porque não ignoramos os seus ardis" (2 Coríntios 2:10-11).

Nosso Pai não perdoará *seus* pecados. Deus disse que não nos perdoaria se não perdoássemos aos outros. "Porque, se perdoardes aos homens as suas ofensas, também vosso Pai celestial vos perdoará a vós. Se, porém, não perdoardes aos homens as suas ofensas, também **vosso Pai vos não perdoará as *vossas* ofensas**" (Mateus 6:14-15). "Assim vos fará, também, Meu Pai celestial, se *do coração* não perdoardes, cada um a seu irmão, as suas ofensas" (Mateus 18:35).

Q. Mas o ofensor não deve estar arrependido para que eu perdoe?

Pai, perdoa-lhes. Aqueles que crucificaram a Jesus nunca pediram perdão, nem estavam arrependidos pelo que estavam fazendo ou pelo que fizeram. Se nós somos Cristãs, somos imitadoras de Cristo, desta forma, devemos imitar Seu exemplo. "E dizia Jesus: **Pai, perdoa-lhes, porque não sabem o que fazem**" (Lucas 23:24).

Quando Estevão estava sendo apedrejado, ele clamou pouco antes de morrer: "**Senhor, não lhes imputes este pecado**" (Atos 7:60). *Você* pode fazer menos do que isto?!

Q. Mas com que frequência Deus espera que eu perdoe?

Setenta vezes sete. Muitas mulheres exclamam: 'Mas meu marido fez isto comigo antes, durante todo o nosso casamento!' Quando Pedro perguntou quantas vezes ele deveria perdoar, Jesus disse: "Não te digo que até sete; mas, até **setenta vezes sete**" (Mateus 18:22). Isto é 490 vezes para a mesma ofensa!

Não lembre nunca mais. Perdoar significa realmente que esquecerei aquele pecado, mesmo numa discussão, mesmo no divórcio? "Porque lhes perdoarei a sua maldade, e **nunca mais Me lembrarei** dos seus pecados" (Jeremias 31:34). "Assim como está longe o oriente do ocidente, assim afasta de nós as nossas transgressões" (Salmos 103:12). "Não tornando mal por mal, ou injúria por injúria; antes, pelo contrário, bendizendo; sabendo que para isto fostes chamados, para que por herança alcanceis a bênção" (1 Pedro 3:9).

Esteja preparada; Satanás tentará trazer antigas transgressões em sua mente, mesmo que você tenha perdoado. Muitas mulheres, cujos maridos foram infiéis, vivenciaram "flashbacks", mesmo após seus maridos voltarem para casa, quase como um trauma de guerra "espiritual". Elas dizem que precisam perdoar continuamente, às vezes diariamente.

9. Espírito manso e quieto

Q. Como posso perdoar da forma como Deus me pede para fazer em Sua Palavra?

Somente Deus. Somente Deus pode ajudá-la a perdoar. Você deve *humilhar-se* e pedir que Ele lhe dê a graça. "*Quem pode perdoar pecados*, **senão Deus**?" (Marcos 2:7).

Peça. "...Nada tendes, porque não pedis" (Tiago 4:2). Peça a Deus que perdoe seu marido através de você enquanto clama a Ele.

Deus dá graça aos humildes. Como consigo a graça que preciso? "Revesti-vos de humildade, porque Deus resiste aos soberbos, mas **dá graça aos humildes**. Humilhai-vos, pois, debaixo da potente mão de Deus, para que a seu tempo vos exalte." (1 Pedro 5:5-6).

Abateu seu coração. Como posso ganhar humildade? "Porquanto se rebelaram contra as palavras de Deus e desprezaram o conselho do Altíssimo. Portanto, **lhes abateu o coração** *com trabalho*; tropeçaram, e não houve quem os ajudasse. Então clamaram ao Senhor na sua angústia, e os livrou das suas dificuldades" (Salmos 107:11-13).

"Mas, quanto a mim, **humilhava a minha alma** *com o jejum*, e a minha *oração* voltava para o meu seio" (Salmos 35:13). Algumas vezes poderá ser através de uma enfermidade que Ele aquietará e humilhará você. Não lute contra isto, é Deus operando!

Vai reconciliar-te primeiro com teu irmão. Quando preciso perdoar aqueles que me feriram? Não devo sentir-me convencida disto primeiro? "Portanto, se trouxeres a tua oferta ao altar, e aí te lembrares de que teu irmão tem alguma coisa contra ti, deixa ali diante do altar a tua oferta, e **vai reconciliar-te primeiro com teu irmão** e, depois, vem e apresenta a tua oferta" (Mateus 5:23-24). Se você não perdoou alguém, especialmente seu marido, você deve pedir perdão.

Amargura. Não perdoar alguém gera amargura. A definição de amargura é 'veneno'! "Toda a **amargura**, e ira, e cólera...sejam tiradas dentre vós." (Efésios 4:31). Não perdoar alguém é corrosivo para você mesma, não para a outra pessoa! "O coração conhece a sua própria amargura" (Provérbios 14:10). "Porventura não esquadrinhará Deus isso? Pois Ele sabe os segredos do coração" (Salmos 44:21).

Um irmão ofendido. Esteja certa de que você siga as diretrizes bíblicas. Ouvi muitas mulheres dizerem que as coisas ficaram piores quando pediram perdão ou que isto não causou nenhuma melhora. Eu posso falar por experiência. Às vezes, quando pedi perdão para alguém, declarei isto da forma errada e ofendi ainda mais a outra pessoa. "**O irmão ofendido** é mais difícil de conquistar do que uma cidade forte; e as contendas são como os ferrolhos de um palácio" (Provérbios 18:19).

Para agradar aos homens. Tenha em mente que você pode enganar a seu marido, mas Deus conhece suas motivações e seu coração. "O Senhor olha para o coração" (1 Samuel 16:7). "...Na sinceridade de vosso coração, como a Cristo. Não servindo à vista, como **para agradar aos homens**, mas como servos de Cristo, fazendo de coração a vontade de Deus" (Efésios 6:5-6).

Toda palavra em vão. Prepare *todas as palavras que você irá dizer*! Toda palavra que você disser deve ser escolhida cuidadosamente. "O tolo não tem prazer na sabedoria, mas só em que se manifeste aquilo que agrada o seu coração" (Provérbios 18:2). "Mas eu vos digo que de **toda a palavra ociosa (em vão)** que os homens disserem *hão de dar conta* no dia do juízo" (Mateus 12:36).

Tente escrever o que você irá falar. Então leia em alta voz o que escreveu, colocando-se no lugar da outra pessoa e ouvindo do ponto de vista dela. Isto soa como acusação? Peça a Deus para colocar as palavras certas na sua boca e falar através de você.

9. Espírito manso e quieto 117

Muitas palavras. "Na **multidão de palavras** não falta pecado, mas o que modera os seus lábios é sábio" (Provérbios 10:19). Apenas diga o que *você* fez; não comece a frase com algo do tipo: *Quando você fez isto, e isto e isto, bem, então eu...*

Ele não ameaçou. Se a outra pessoa começar a atacá-la, não abra sua boca, exceto se houver algo para concordar. "O qual, quando O injuriavam, não injuriava, e quando padecia **não ameaçava**..." (1 Pedro 2:23).

Cada palavra. O Filho Pródigo preparou suas palavras após sua decisão de voltar para casa: "Levantar-me-ei e irei ter com meu pai, e dir-lhe-ei: **Pai, pequei** contra o céu e perante ti; já não sou digno de ser chamado teu filho; faze-me como um dos teus jornaleiros" (Lucas 15:18-19).

Garanta que suas palavras sejam doces e suaves *toda vez* que tiver a oportunidade de ver ou falar com seu marido! Lembre-se: "A doçura dos lábios aumentará o ensino (persuasão)" (Provérbios 16:21). E: "As palavras suaves são favos de mel, **doces para a alma**, e **saúde para os ossos**" (Provérbios 16:24).

Q. Como posso ter certeza de que realmente perdoei?

Você saberá e terá confiança de que realmente perdoou, quando seus pecados e fraquezas saltarem aos seus olhos de forma tão grande que será incapaz de ver os pecados e fraquezas de seu marido. Você estará cega para as falhas passadas, presentes e futuras dele.

Quando as mulheres escrevem ou falam sobre *tudo* que seus maridos estão fazendo errado, então eu sei que estão longe da restauração. Muitas que têm buscado a restauração não veem nenhum progresso porque falharam em assumir a responsabilidade completa pelos pecados cometidos no casamento que causaram a separação, o divórcio ou o adultério.

Elas, erroneamente, querem 'dividir' a sua parte nisto, o que é para sua própria destruição. Jesus assumiu a responsabilidade completa e suportou *todos* os nossos pecados. Nós, também, devemos assumir tudo e suportar tudo. Então, como crentes, podemos buscar o Senhor e deixar os pecados do casamento aos pés da cruz, sabendo que o débito já foi pago.

Também, se você ainda está irritada com o que seu marido diz, faz ou não faz, ou pior, se você fica com raiva, então você não o perdoou. Raiva é uma condição mortal do coração, que aparece numa provação.

Compromisso pessoal: desejar e esforçar-me para ser mansa e quieta. "Baseado no que aprendi da Palavra de Deus, comprometo-me a fazer tudo que aprendi ao ser rápida para ouvir e tardia para falar; a perdoar àqueles que me ofenderam e fazer o que puder para reconciliar-me com os que ofendi".

Data: _____ Assinado:_____

Capítulo 10

Ele inclina o coração

*"Como ribeiros de águas, assim é o coração do rei
na mão do SENHOR,
que o inclina a todo o Seu querer".
—Provérbios 21:1*

Alguém já disse a você que seu marido tem a sua própria vontade, desta forma ele pode 'escolher' não voltar para você?

Ao tentar restaurar seu casamento, você será bombardeada, assim como outras mulheres foram, pelos ataques daqueles que dirão que é a escolha de seu marido, seu "livre arbítrio", escolher deixá-la ou estar com outra mulher. Eu enfrentei as mesmas respostas, especialmente de pastores. Mas, louvado seja o Senhor, Ele me mostrou a verdade!!!

A chave não é a vontade de seu marido, mas a vontade de **Deus**! E ao buscar a vontade de Deus, Ele mostrou que era a Sua vontade converter o coração de meu marido de volta para mim, sua esposa, porque Ele nos uniu. Glórias a Deus!!!

Deixe-me mostrar-lhe o que Ele me mostrou:

Não é a Vontade do Homem, Mas a Vontade de Deus!!!

"Ele faz a **Sua *Vontade***..." (Daniel 4:31).

"(Deus) o dá a quem (**Ele**) quer..." (Daniel 4:25).

"...O nosso **Deus**, a quem nós servimos, é que nos pode livrar" (Daniel 3:17).

Considere Nabucodonosor. Depois de seu orgulho ter feito com que ele vagasse como um animal, disse de Deus: "...Segundo a Sua vontade Ele opera com o exército do céu e os moradores da terra; não há quem possa estorvar a Sua mão, e Lhe diga: Que fazes?" (Daniel 4:35). Não é o mesmo Deus que continua operando de acordo com a Sua vontade? Seu marido é maior que o rei Nabucodonosor?

Considere também Jonas. Jonas não queria fazer o que Deus queria que ele fizesse, mas Deus *fez* ele querer. "Preparou, pois, o Senhor um grande peixe, para que tragasse a Jonas; e esteve Jonas três dias e três noites nas entranhas do peixe" (Jonas 1:17). Deus é ***mais do que capaz*** de fazer o seu marido querer!!!

Finalmente, considere Paulo. "E Saulo, respirando ainda ameaças e mortes contra os discípulos do Senhor...subitamente o cercou um resplendor de luz do céu...e Saulo levantou-se da terra, e, abrindo os olhos, não via a ninguém...o Senhor Jesus, que te apareceu no caminho por onde vinhas, me enviou, para que tornes a ver e sejas cheio do Espírito Santo. E logo lhe caíram dos olhos como que umas escamas, e recuperou a vista; e, levantando-se, foi batizado" (Atos 9:1-18).

Deus é ***mais do que capaz*** de transformar seu marido num **instante**!! *Eu tenho visto isto inúmeras vezes, com meu próprio marido e com muitos outros maridos!* Se você diz 'Mas você não conhece meu marido', eu direi: você não conhece Deus!!!

Inclinando o coração

Você ouvirá pastores e outros Cristãos dizerem que é a vontade de seu marido deixá-la, divorciar-se ou estar com outra mulher. Mas nós aprendemos na Bíblia que o que importa não é a vontade do homem, mas a vontade de Deus.

10. Ele inclina o coração

Pode ser a vontade de seu marido deixá-la, divorciar-se ou estar com outra mulher. Ainda assim, **Deus pode transformar o coração dele!**

Não precisamos nos preocupar com a vontade dele. Ao invés disto, devemos orar para que o coração de nosso marido seja convertido. "Como ribeiros de águas assim é o **coração** do rei na mão do **Senhor**, que o **inclina** a todo o Seu querer" (Provérbios 21:1).

Ore para que Deus dê a ele um novo coração e troque seu coração de pedra por um coração de carne! "E dar-vos-ei um **coração novo**, e porei dentro de vós um espírito novo; e tirarei da vossa carne o coração de pedra, e vos darei um **coração de carne**" (Ezequiel 36:26).

O primeiro passo para a conversão do coração de seu marido é encontrar as promessas de Deus, Suas verdades e então atender às condições destas promessas. *Estes são os versículos que memorizei e usei para que o coração de Dan fosse inclinado de volta para mim.*

"Sendo os caminhos do homem agradáveis ao Senhor, até a seus inimigos faz que tenham paz com ele" (Provérbios 16:7).

"Deleita-te também no Senhor e te concederá os desejos do teu coração" (Salmos 37:4).

"Entrega o teu caminho ao Senhor; confia Nele, e Ele o fará" (Salmos 37:5).

"Mas, buscai primeiro o reino de Deus e a Sua justiça, e todas estas coisas vos serão acrescentadas" (Mateus 6:33).

Lembre-se, você precisa colocar Deus em primeiro lugar em sua vida; Ele nunca quer estar no segundo lugar para nada e nem para ninguém. Quando Ele for o primeiro em sua vida, você começará a ser transformada a Sua imagem. Então será quando você começará a ver o coração do seu marido ser inclinado de volta para você.

Se você está em conflito com o princípio da vontade do homem versus a vontade de Deus, você deve renovar sua mente com os versículos deste capítulo para superar as dúvidas da "teologia da vontade do homem" e substituir isso com o foco em Deus, ou seja, com o **coração**!

Vejamos as Escrituras que dizem como Deus transformou os corações de homens, inclusive de reis:

"Bendito seja o Senhor Deus ...que inspirou ao coração do rei..." (Esdras 7:27).

"E eis que (Eu) endurecerei o coração dos egípcios..." (Êxodo 14:17).

"O Senhor, porém, endureceu o coração de Faraó..." (Êxodo 10:27).

"(Deus) inclina (coração do rei) a todo o Seu querer" (Provérbios 21:1).

No livro de Provérbios aprendemos sabedoria. Provérbios 1:2-7 lista os benefícios dos Provérbios:

Para conhecer a sabedoria.

Para receber instrução.

Para receber instrução sobre o comportamento sábio.

Também receber instrução sobre retidão, justiça e equidade.

Prudência para o ingênuo.

Conhecimento para o jovem.

Leia Provérbios todos os dias para obter sabedoria! (Vá ao nosso site e leia o "Encorajamento Diário" para saber os versículos para leitura diária, apenas mais um dos nossos benefícios de membro para ajudar a restaurar seu casamento).

Maridos que estão de má vontade

Nem todos os maridos voltam para casa, mesmo depois de Deus inclinar seus corações. Muitos maridos, infelizmente, vão contra seus corações porque suas esposas continuam a ser as mesmas mulheres que eles escolheram deixar. Mais uma vez, Deus é *mais do que capaz* para inclinar o coração de seu marido de volta para você. Mas, se você continua a ser contenciosa, se não tem bondade em sua língua, se não demonstra um espírito manso e quieto, então, uma vez que o coração dele seja inclinado em sua direção, a *velha* você fará com que ele endureça seu coração novamente e tome uma decisão racional em detrimento da decisão de seu coração!

Garanta que você leia e releia este livro, vez após vez! Garanta que você viva na Palavra de Deus. Garanta que você gaste horas diárias com sua face no chão buscando a face de Deus. Você deve ser uma nova mulher para seu marido querer seguir seu coração e voltar para casa! Lembre-se, a razão pela qual seu marido a abandonou ou foi pego em adultério é que seu lar não foi construído sobre a rocha. Estava dividido, estava rachado por causa das suas palavras e atitudes, em outras palavras, seu temperamento contencioso e arrogante.

Vamos ler alguns versículos de Provérbios e do Novo Testamento:

Suas próprias mãos. "Toda mulher sábia edifica a sua casa, mas a tola a derruba com **as próprias mãos**" (Provérbios 14:1).

A casa do orgulhoso. "O Senhor desarraiga a **casa dos soberbos**" (Provérbios 15:25).

Casa dividida contra si mesma. "Todo o reino dividido contra si mesmo é devastado; e toda a cidade, ou **casa, dividida contra si mesma** não subsistirá..." (Mateus 12:25).

E a casa não caiu. "Todo aquele, pois, que escuta estas Minhas palavras, e as pratica, assemelhá-lo-ei ao homem prudente, que edificou a sua casa sobre a rocha. E desceu a chuva, e correram rios, e assopraram ventos, e combateram aquela casa, **e não caiu**, porque estava edificada sobre a rocha" (Mateus 7:24-25).

Edificados juntos. "Edificados sobre o fundamento...de que Jesus Cristo é a principal pedra da esquina. No qual todo o edifício, bem ajustado, cresce para templo santo no Senhor. No qual também vós juntamente sois edificados para morada de Deus em Espírito" (Efésios 2:20-22).

Não o separe o homem. "Ele, porém, respondendo, disse-lhes: Não tendes lido que aquele que os fez no princípio (homem) e (mulher) os fez. E disse: Portanto, deixará o homem pai e mãe, e se unirá a sua mulher, e serão dois numa só carne? Assim não são mais dois, mas uma só carne. Portanto, o que Deus ajuntou **não o separe o homem**" (Mateus 19:4-6).

Deus prometeu restituir seu marido para você. "Pela iniquidade da sua avareza Me indignei, e o feri; escondi-me e indignei-me; contudo, rebelde, seguiu o caminho do seu coração. Eu vejo os seus caminhos, e o sararei, e o guiarei, e lhe tornarei a dar consolação, a saber, aos seus pranteadores. Eu crio os frutos dos lábios: paz, paz, para o que está longe; e para o que está perto, diz o Senhor, e Eu o sararei" (Isaías 57:17-19).

"Porque bem pode ser que ele se tenha separado de ti por algum tempo, para que o retivesses para sempre, não já como servo, antes, mais do que servo, como irmão amado, particularmente de mim, e quanto mais de ti, assim na carne como no Senhor?" (Filemom 1:15-16).

Busque ao Senhor para quebrantá-la e transformá-la, se deseja ter o carinho de seu marido por você novamente. (Leia o livro *Uma Mulher Sábia*, para mais ajuda).

10. Ele inclina o coração

Nada é impossível para Deus!

O Senhor inclina o coração para onde Ele quer!

Compromisso pessoal: pedir a Deus para converter o coração de meu marido e não temer a vontade do homem. "Baseado no que aprendi da Palavra de Deus, comprometo-me a confiar no Senhor para inclinar o coração de meu marido. Dissiparei a mentira de que meu marido tem um livre arbítrio e que, desta forma, Deus não interviria em meu favor e responderia minhas orações. Ao invés disto, creio que a 'vontade de meu marido' seguirá a inclinação de seu coração por Deus na direção de volta para casa".

Data: _____ Assinado:_____

Capítulo 11

Eu odeio o divórcio

*"Eu odeio o divórcio,
diz o Senhor, o Deus de Israel".*
—Malaquias 2:16

Por que tantos casamentos acabam em divórcio? Todos ouvimos as estatísticas... 50% dos **primeiros** casamentos acabam em divórcio e 80% dos **segundos** casamentos acabam em divórcio. Isto significa que apenas 20% dos segundos casamentos sobrevivem! A verdadeira vergonha é que há igualmente tantos casamentos acabando em divórcio NA igreja!! Os Cristãos agora aceitam o divórcio como uma opção! Por que a enxurrada de tantos casamentos falidos?

"E desceu a chuva, e correram rios, e assopraram ventos, e combateram aquela casa, e não caiu, **porque estava edificada sobre a rocha**" (Mateus 7:25). Sua casa foi edificada sobre a Rocha? "E desceu a chuva, e correram rios, e assopraram ventos, e combateram aquela casa, e caiu, e **foi grande a sua queda**" (Mateus 7:27).

A Rocha na qual temos que construir é a Palavra de Deus! Quantas de nós realmente conheciam os princípios que leram neste livro até agora a respeito do casamento? Oséias 4:6 diz que "...o povo foi destruído, porque lhe faltou o conhecimento." Isto certamente foi uma verdade para mim e estou certa de que é verdade para você também!

Então, quando nosso casamento fracassa, buscamos livrar-nos deste casamento apenas para repetir os mesmos erros no segundo casamento ou no subsequente. Deus odeia o divórcio, mas quando estamos no meio do problema é o que achamos que nos trará alívio. Até tentamos convencer a nós mesmas e aos outros que o divórcio é o que Deus quer para nós, uma vez que Ele não iria querer que sofrêssemos. (Volte ao Capítulo 4, "Várias provações", se você ainda acredita que isto seja verdade.)

O engano

Quando estimulamos um pensamento ou ideia errados, Deus nos diz: "Mas cada um é tentado, quando atraído e engodado pela **sua própria concupiscência**. Depois, havendo a concupiscência concebido, dá à luz o pecado; e o pecado, sendo consumado, gera a morte. Não erreis, meus amados irmãos" (Tiago 1:14-16). A definição de concupiscência é o "desejo" pelo que é proibido, como desejar o divórcio quando Deus diz que odeia o divórcio. Muitos dizem que não há nada de errado no divórcio, especialmente em certas circunstâncias.

Devemos obedecer a Deus ao invés de ao homem. Todo mundo tem sua opinião a respeito do casamento e do divórcio (o que 'pensam' que Deus diz a respeito do casamento em Sua Palavra). Porém, "mais importa **obedecer a Deus** do que aos homens" (Atos 5:29).

Ele é nossa única esperança de salvação. Não siga o que outra pessoa diz. Ao invés, siga a Deus, obedeça a Ele, porque *Ele* é nossa única esperança de salvação. Não complique Sua Palavra tentando descobrir 'o que você *acha* que Ele quis dizer'. **Ele quis dizer exatamente o que Ele disse!**

Eu não me envergonho do evangelho de Cristo. Por favor, permaneça firme nos ensinamentos de Deus, a despeito do que é popular ou de quantas pessoas em sua igreja se divorciaram e/ou cassaram novamente. "Porque não me envergonho do evangelho de Cristo, pois é o poder de Deus para salvação de todo aquele que crê" (Romanos 1:16).

Por favor, entenda que se casamentos devem ser salvos, devemos permanecer na verdade! Aqueles segundos casamentos que 'parecem' felizes são na realidade viver sobre fracasso, não um testemunho da fidelidade de Deus. Eles continuam a fazer muitos outros sofrerem ou viverem aquém do melhor de Deus, especialmente as crianças que sofrem mais! E fazem com que muitos, que estão enfrentando dificuldades em seus casamentos, caiam. É muito tentador arrumar um segundo marido quando muitos professam que acharam a felicidade em seu segundo marido depois de terem se livrado do primeiro!

Instruindo com mansidão aos que resistem. Por favor, não discuta o assunto do divórcio. Cada pessoa é responsável somente por falar, ensinar e viver a verdade. Então o Espírito Santo trará o convencimento e Deus converterá o coração. "E rejeita as questões loucas, e sem instrução, sabendo que produzem contendas" (2 Timóteo 2:23).

E ao servo do Senhor não convém contender, mas sim, ser manso para com todos, apto para ensinar, sofredor. **Instruindo com mansidão** aos que resistem, a ver se porventura Deus lhes dará arrependimento para conhecerem a verdade, e tornarem a despertar, desprendendo-se dos laços do diabo, em que à vontade dele estão presos" (2 Timóteo 2:24-26).

A árvore é conhecida por seus frutos. Podemos ver os 'frutos' em muitas lideranças da igreja - aqueles que permitiram um amplo abuso de 'exceções' para o divórcio. Temos visto que isto começou com a brecha da 'infidelidade ou adultério' e chegou ao divórcio por praticamente qualquer motivo! Há um paralelo com o que aconteceu com a questão do aborto... estupro, incesto, e saúde da mãe atualmente significam menos de 1% de todos os abortos realizados! "Por seus **frutos** os conhecereis" (Mateus 7:16). "Ou fazei a árvore boa, e o seu fruto bom, ou fazei a árvore má, e o seu fruto mau; porque pelo fruto se conhece a árvore" (Mateus 12:33). Podemos ver claramente o mau fruto que tem sido produzido por comprometerem a Palavra de Deus: casamentos destruídos e votos quebrados.

As perguntas

Por que devemos compreender e seguir a Lei de Deus a respeito do casamento?

11. Eu odeio o divórcio

Porque famílias têm sido destruídas, e sem a família, o fundamento no qual nossa terra se apoia será removido, e grande será nossa queda! Nós, como Cristãos, seremos culpados. Não podemos apontar o dedo para os outros, porque Deus nos promete como crentes que "...se o Meu povo, que se chama pelo Meu nome, se humilhar e orar, e buscar a Minha face e se converter dos seus maus caminhos, então Eu ouvirei dos céus e perdoarei seus pecados, e *sararei* a sua terra" (2 Crônicas 7:14).

Entretanto, os casamentos cristãos estão perecendo na mesma medida de destruição que os do mundo. Por que? "O Meu povo foi destruído, porque lhe faltou o conhecimento" (Oséias 4:6). Os cristãos têm sido enganados e estão seguindo os caminhos do mundo ao invés dos caminhos de Deus.

Como podemos saber se estamos sendo enganados a respeito do casamento e divórcio?

Voltando às fábulas. Muitos dos que sentam nos bancos da igreja não querem ouvir a verdade. "Porque virá tempo em que não suportarão a sã doutrina; mas, tendo comichão nos ouvidos, amontoarão para si doutores conforme as suas próprias concupiscências. E desviarão os ouvidos da verdade, voltando às fábulas" (2 Timóteo 4:3-4).

Atualmente buscamos soluções mundanas para casamentos problemáticos ou feridos ao invés de buscar a Deus e Sua Palavra. "Mas vós sois a geração eleita, o sacerdócio real, a nação santa, o povo *adquirido*" (1 Pedro 2:9). Não seremos um 'povo exclusivo e adquirido' se seguirmos o caminho tão batido que leva ao tribunal de divórcio!

Para que não façais o que quereis. Sua Palavra é sempre consistente. A Palavra de Deus é oposta às filosofias do mundo e, algumas vezes, é difícil de compreender e seguir. "Ora, o homem natural não compreende as coisas do Espírito de Deus, porque lhe parecem loucura; e não pode entendê-las, porque elas se discernem espiritualmente" (1 Coríntios 2:14). "Porque a carne cobiça contra o

Espírito, e o Espírito contra a carne; e estes opõem-se um ao outro, para que não façais o que quereis" (Gálatas 5:17).

Mau fruto. Novamente, podemos ver facilmente os 'maus frutos' de todos os casamentos Cristãos que foram destruídos porque acreditaram nas mentiras. "Por seus frutos os conhecereis. Porventura colhem-se uvas dos espinheiros, ou figos dos abrolhos? Assim, toda a árvore boa produz bons frutos, e toda a árvore má produz frutos maus" (Mateus 7:16-17).

Fatos bíblicos para permanecer firme

Vamos pesquisar mais versículos bíblicos para ver como Deus vê o casamento:

O casamento é para a vida toda. Nós dizemos os votos '*até que a morte nos separe*'. "Assim não são mais dois, mas uma só carne. Portanto, o que Deus ajuntou não o separe o homem" (Mateus 19:6). "E SERÃO OS DOIS UMA SÓ CARNE; e assim já não serão dois, mas uma só carne" (Marcos 10:8).

Deus diz que odeia o divórcio! Ainda assim, algumas mulheres estão realmente convencidas de que Deus as orientou a pedir o divórcio! Algumas disseram que Deus "as livrou". **Ele diz:** "Eu odeio o divórcio" (Malaquias 2:16). Ele nunca muda... "Jesus Cristo é o mesmo, ontem, e hoje, e eternamente" (Hebreus 13:8).

Você não é uma exceção: "Reconheço por verdade que Deus não faz acepção de pessoas" (Atos 10:34).

Casar novamente não é uma "opção", a Bíblia diz que é "adultério"! "**Eu, porém, vos digo** (Jesus mesmo disse) que qualquer que repudiar sua mulher, a não ser por causa de prostituição (imoralidade sexual), faz que ela cometa adultério, e qualquer que casar com a repudiada **comete adultério**" (Mateus 5:32).

"Eu lhes digo que todo aquele que se **divorciar de sua** *mulher*, exceto por imoralidade sexual, e se casar com outra mulher, estará **cometendo adultério**" (Mateus 19:9).

11. Eu odeio o divórcio 131

Comete adultério. "E Ele (Jesus de novo) lhes disse: Qualquer que **deixar (divorciar-se de) a sua *mulher (esposa)*** e casar com outra, adultera contra ela..." (Marcos 10:11). "Qualquer que **deixa sua mulher**, e casa com outra, **adultera**; e aquele que casa com a repudiada pelo marido, **adultera** também" (Lucas 16:18).

Se seu marido morrer. "De sorte que, vivendo o marido, **será chamada adúltera** se for de outro marido; mas, **morto o marido**, livre está da lei, e assim não será adúltera, se for de outro marido" (Romanos 7:3).

Falta de entendimento. "Assim, o que adultera com uma mulher é **falto de entendimento**; aquele que faz isso destrói a sua alma" (Provérbios 6:32). "Também o homem que adulterar com a mulher de outro, havendo adulterado com a mulher do seu próximo, certamente morrerá o adúltero e a adúltera" (Levítico 20:10).

E a cláusula de "exceção"?

Novamente, muito poucos divórcios na igreja são por causa de adultério, mesmo que esta fosse a 'exceção' correta. Na realidade, em cada referência Bíblica, as palavras "adultério" e "fornicação" ou "imoralidade sexual" são usadas de forma **permutável** como se fossem as mesmas palavras, mas não são! A palavra "adultério" (segundo a Concordância de Strong que é um dicionário de concordância no Grego ou língua original corresponde a 3429 *Moichao*) significa *depois* do casamento. A palavra "fornicação" (4202) significa *antes* do casamento. Estes são dois pecados diferentes e não devem ser confundidos.

Então, quando a Bíblia diz em Mateus 19:9: "Eu vos digo, porém, que qualquer que repudiar sua mulher, **não sendo por causa** de *fornicação*, e casar com outra, comete adultério;" essa exceção significa que um homem pode se divorciar de sua mulher se, *antes* do casamento, ela foi imoral ou cometeu fornicação – como foi o caso de José quando a Bíblia diz que ele pensou em se divorciar de Maria secretamente (Mateus 1:19). *Não* está dizendo que se você acha que seu marido cometeu adultério, o que corresponde a ter intimidade *depois* de casado, você pode se divorciar do seu marido.

Com esta informação, poderíamos reescrever este versículo em Mateus com a tradução correta para dizer: **"Eu** (Jesus)**, porém, vos digo** que qualquer que se divorciar de sua mulher, faz que ela cometa adultério, e qualquer que casar com a mulher divorciada **comete adultério"**. Somente quando uma mulher é achada *no ou antes* do dia do casamento como não sendo virgem, somente então o homem poderia divorciar-se de sua esposa. E novamente, Moisés somente permitiu que o homem se divorciasse: "Moisés, por causa da dureza dos vossos corações, vos permitiu repudiar vossas mulheres; mas ao princípio não foi assim" (Mateus 19:8).

Em outras palavras, *não*, você não pode divorciar-se de seu marido por *nenhuma* razão.

Tome cuidado quando diz que "Deus lhe disse"! "Eis que eu sou contra os profetas, diz o Senhor, que usam de sua própria linguagem, e dizem: "Ele disse". Eis que eu sou contra os que profetizam sonhos mentirosos, diz o Senhor, e os contam, e fazem errar o meu povo com as suas mentiras e com as suas leviandades; pois eu não os enviei, nem lhes dei ordem..." (Jeremias 23:31-32). "Eu odeio o divórcio, diz o Senhor, o Deus de Israel" (Malaquias 2:16). Deus nunca diz para irmos contra a Sua Palavra! Ele nunca muda! Nunca!!!

Você também deve ser muito cuidadosa com o que diz a respeito do divórcio ou recasamento, uma vez que isto pode levar outra pessoa a cair e divorciar-se ou casar novamente: "Ai do mundo, por causa dos escândalos; porque é mister que venham escândalos, mas ai daquele homem por quem o escândalo vem...melhor lhe fora que se lhe pendurasse ao pescoço uma mó de azenha, e se submergisse na profundeza do mar" (Mateus 18:7, 6).

Muitos têm sido enganados. Se você acredita que Deus deseja o divórcio, você tem sido enganada. "E não é maravilha, porque o próprio Satanás se transfigura em anjo de luz" (2 Coríntios 11:14).

A carne ceifa corrupção. "Porque o que semeia na sua carne, da carne ceifará a corrupção; mas o que semeia no Espírito, do Espírito ceifará a vida eterna." Gálatas 6:8. Preste atenção para ver qual é a sua 'motivação' antes de dar um passo na fé. Os desejos da carne parecem bons para a carne; se você tem uma urgência por trás disto, não precisará de nenhuma graça para ir adiante. "Porque a carne cobiça contra o Espírito, e o Espírito contra a carne; e estes opõem-se um ao outro, para que não façais o que quereis" (Gálatas 5:17).

Deus, somente Deus! Que conhecimento ganhamos ao vermos tantos casamentos problemáticos e destruídos? Deus e somente Deus pode manter um casamento unido! Através de sua obediência à Palavra de Deus!!! Mas você tem que conhecer Sua Palavra antes de poder obedecê-la. "O meu povo foi destruído, porque lhe faltou o conhecimento" (Oséias 4:6). É por esta razão que você *deve* ler isto vez após vez! É por isto que deve meditar em Sua Palavra. É por isto que deve alimentar-se de Sua Palavra, não apenas todo o dia, mas o dia todo!

Se você Me ama

Concluindo, "Se alguém ensina falsas doutrinas e não concorda com a sã doutrina de nosso Senhor Jesus Cristo e com o ensino que é segundo a piedade, é orgulhoso e nada entende. Esse tal mostra um interesse doentio por controvérsias e contendas acerca de palavras, que resultam em inveja, brigas, difamações, suspeitas malignas e atritos constantes entre aqueles que têm mente corrompida e que são privados da verdade" (1 Tim. 6:3-5).

"Se vocês me amam, obedeçam aos meus mandamentos." (João 14:15). Se você diz que acredita em Deus, então **obedeça-O**. "Por que me chamas Senhor e não faz o que eu digo" (Lucas 6:46). Se você decidiu pedir ao Senhor para ser salva, mas não está seguindo

Seus ensinamentos, então Ele não é seu Senhor e Mestre. Se Ele é seu Senhor, então tenha a certeza de agir como tal. Obedeça-O!

Vamos fazer um compromisso pessoal para
PERMANECERMOS CASADAS
e encorajarmos a todos que encontrarmos ou falarmos a fazer o mesmo.

Compromisso pessoal: de permanecer casada e encorajar outros a fazerem o mesmo. "Baseado no que aprendi da Palavra de Deus, comprometo-me novamente ao meu casamento. Irei humilhar-me quando for necessário e dar todos os passos como uma 'pacificadora' em meu casamento. Não encobrirei minhas transgressões ou induzirei outros a cair. Devotarei meus lábios para espalhar a verdade de Deus a respeito do casamento com uma atitude mansa e suave".

Data: _____ Assinatura: _____

Capítulo 12

Buscando a Deus

*"Eu amo os que Me amam;
e os que cedo Me **buscam**, Me achará.".
—Provérbios 8:17*

Quando uma mulher está tentando restaurar seu casamento, há sempre **muitas** perguntas que surgem no decorrer de sua restauração. Deixe-me dizer que ao longo dos dois anos da minha restauração e durante os muitos anos em que estive ministrando, eu descobri que **ninguém**, a não ser Deus sabe as respostas que você precisa, ninguém, incluindo eu, ninguém em nossa comunidade, um conselheiro, seu pastor, nem ninguém. Só **Deus** tem suas respostas.

Este livro, os nossos outros recursos, e este capítulo não vão lhe dar todas as respostas, porque Deus quer e anseia que você *O busque* Ao ler as diferentes perguntas e as respostas bíblicas, você verá que há tantas variáveis em cada situação. As coisas se tornam extremamente complicadas quanto mais pecado permitimos em nossas vidas e quanto mais nos desviamos do plano perfeito de Deus para Seus filhos.

Voltar para o caminho de alcançar Seu plano perfeito é **impossível** para você, mas *não* é impossível para Deus!

Ao longo deste capítulo, vão surgir muitas perguntas em sua mente; quando isso acontecer, simplesmente **peça a Deus** para mostrar a resposta. Deus irá guiá-la e revelará a resposta que você precisa para **cada** pergunta que você perguntar. Aqui está a sua promessa:

"E, se algum de vós tem falta de sabedoria, **peça-a a Deus**, que a todos dá liberalmente, e o não lança em rosto, e ser-lhe-á dada. (Tiago 1:5)

Peça a Deus

E se meu marido for infiel e cometer adultério, então posso divorciar-me dele?

Não! Como aprendemos no capítulo 11, "Eu odeio o divórcio", a Bíblia diz que o *marido* pode divorciar-se por causa de **fornicação** somente (que é ter relações sexuais antes do casamento), se a *mulher* tiver sido deflorada, não de outra forma. Esta exceção refere-se ao tempo do noivado. Fornicação e adultério não são o mesmo pecado. Se fossem iguais não teriam sido citados *duas vezes* no mesmo versículo: "Não sabeis que os injustos não hão de herdar o reino de Deus? Não erreis: nem os **devassos (fornicadores)**, nem os idólatras, nem os **adúlteros**..." (1 Coríntios 6:9-10).

Divorciar-se dela secretamente. O divórcio por causa da fornicação era permitido durante o período do noivado, como no caso de Maria e José. Os termos noiva e noivado não eram utilizados durante este período da história. O termo "marido" foi utilizado porque José já estava comprometido em ser o marido de Maria. "Então José, seu marido, ...intentou **deixá-la secretamente**" (Mateus 1:19). Isto foi antes de seu casamento, porque o divórcio só era permitido no caso de fornicação.

Noivado. O versículo anterior explica que o "divórcio" iria acontecer antes do casamento! "Estando Maria, sua mãe, desposada (**prometida em casamento**) com José, **antes** de se ajuntarem, achou-se ter concebido do Espírito Santo" (Mateus 1:18). No máximo, o casamento poderia ser anulado imediatamente após a noite de núpcias, se a **mulher** (não o homem) não fosse virgem.

Muitas igrejas e pastores dizem que o divórcio é correto em algumas circunstâncias, mas este versículo diz: "Qualquer, pois, que violar um destes mandamentos, por menor que seja, e assim ensinar aos homens, será chamado o menor no reino dos céus; aquele, porém, que os cumprir e ensinar será chamado grande no reino dos céus" (Mateus 5:19). Portanto, nós, que ensinamos a Palavra, não vamos anular nenhum dos mandamentos de Deus, em outras palavras, não vamos dizer que os versos sobre o divórcio não são válidos.

Como posso ter certeza de que o que **este** livro diz é certo e o que muitas igrejas estão dizendo é errado? "Acautelai-vos, porém, dos falsos profetas, que vêm até vós vestidos como ovelhas, mas, interiormente, são lobos devoradores. Por seus frutos os conhecereis. Nem todo o que me diz: 'Senhor, Senhor!' entrará no reino dos céus, mas aquele que faz a vontade de Meu Pai, que está nos céus. Muitos Me dirão naquele dia: 'Senhor, Senhor, não profetizamos nós em teu nome? E em teu nome não expulsamos demônios? E em teu nome não fizemos muitas maravilhas?' E então lhes direi abertamente: 'Nunca vos conheci; apartai-vos de mim, vós que praticais a iniquidade'" (Mateus 7:15-23). Não estão sendo destruídos muitos dos casamentos de sua igreja e famílias sendo dissolvidas? Estes são os maus frutos.

Muitos pastores têm "lá no fundo" uma convicção a respeito do casamento, mas não querem "ofender" ninguém, especialmente todos aqueles "membros da igreja" que estão em seu segundo ou terceiro casamento. "...não sabeis vós que a amizade do mundo é inimizade contra Deus? Portanto, qualquer que quiser ser amigo do mundo constitui-se inimigo de Deus" (Tiago 4:4).

A forte decisão de lutar pelo casamento **não** é uma condenação àqueles que são divorciados ou se casaram novamente, mas em vez disso, a intenção é impedir que outros cometam o mesmo erro. Da mesma forma, eu não gostaria de deixar uma mulher desconfortável porque ela fez um aborto, mas eu não quero deixar de compartilhar as consequências e a vontade de Deus para outros que poderiam cometer o mesmo erro.

Comichão nos ouvidos. Se um pastor ou uma igreja tomam posição contra o divórcio ou recasamento, são rotulados como legalistas ou críticos. E aqueles que querem "fazer conforme seu próprio desejo" irão para outra igreja ouvir o que querem ouvir.

"Porque virá tempo em que não suportarão a sã doutrina; mas, tendo **comichão nos ouvidos**, amontoarão para si doutores conforme as suas próprias concupiscências; e desviarão os ouvidos da verdade, voltando às fábulas" (2 Timóteo 4:3-4).

Uma vez que já estou divorciada ou solteira de novo, eu não poderia casar novamente ou namorar e então pedir a deus para me perdoar?

Em primeiro lugar, **você não é solteira**. Somente alguém que *nunca* foi casada (ou é viúva) é solteira. "Porque a mulher que está sujeita ao marido, enquanto ele viver, está-lhe ligada pela lei; mas, morto o marido, está livre da lei do marido. De sorte que, vivendo o marido, **será chamada adúltera** se for de outro marido; mas, morto o marido, livre está da lei, e assim não será adúltera, se for de outro marido" (Romanos 7:2-3).

Em segundo lugar, você colherá o que plantar. "Não erreis: Deus não se deixa escarnecer; porque tudo o que o homem semear, isso também ceifará" (Gálatas 6:7). Você estará voluntariamente pecando. "Aquele, pois, que sabe fazer o bem e não o faz, comete pecado" (Tiago 4:17).

Uma coisa horrenda. Você atraíra para si a vingança de Deus. "Porque, se pecarmos voluntariamente, depois de termos recebido o conhecimento da verdade, já não resta mais sacrifício pelos pecados. Mas uma certa expectação horrível de juízo, e ardor de fogo, que há de devorar os adversários. De quanto **maior castigo** cuidais vós será julgado merecedor aquele que pisar o Filho de Deus, e tiver por profano o sangue da aliança com que foi santificado, e fizer agravo ao Espírito da graça? Porque bem conhecemos Aquele que disse: Minha é a vingança, Eu darei a recompensa, diz o Senhor. E outra vez: O Senhor julgará o seu povo. *Horrenda coisa é cair nas mãos do Deus vivo"* (Hebreus 10:26-31).

Deus não se deixa escarnecer; você nunca pode se beneficiar ao ignorar a Palavra de Deus, nem negociando a obediência para um "melhor casamento" (ou relacionamento) com alguém novo; você vai colher o que você tem semeado. Sim, Deus pode perdoar você, mas isso não apaga a consequências que será pior do que o que você sente que está vivendo agora.

Durante muitos anos de ministério, o Senhor tem me mostrado continuamente informações sobre aqueles que rejeitaram as nossas crenças e a verdade da Palavra de Deus. Alguns dos mais horríveis, abomináveis e comoventes testemunhos que ouvi, vieram de mulheres que "sabiam a verdade" e ainda assim ignoraram para fazer **"o que queriam"**.

Então, pode alguém casar-se novamente?

"A mulher casada está ligada pela lei todo o tempo que o seu marido vive; mas, se falecer o seu marido **fica livre para casar** com quem quiser, contanto que seja no Senhor" (1 Coríntios 7:39). Para as viúvas, é importante saber que, quando o verdadeiro "Homem Certo" aparecer, ele também tem que ser viúvo ou nunca ter sido casado. Lembre-se, Satanás normalmente traz o seu "melhor" primeiro, mas o Senhor faz você esperar, e então traz o Seu melhor! "Espera no Senhor e guarda o Seu caminho" (Salmos 37:34).

E se eu já estiver em um segundo (ou terceiro) casamento?

Primeiramente, você deve pedir perdão a Deus, quer tenha sido casada antes de ser salva ou não. Você não pode ser efetiva em sua caminhada Cristã se não consegue admitir seus pecados passados. "O que encobre as suas transgressões nunca prosperará, mas o que as confessa e deixa, alcançará misericórdia" (Provérbios 28:13). "Se dissermos que não temos pecado, enganamo-nos a nós mesmos, e não há verdade em nós. Se confessarmos os nossos pecados, Ele é **fiel** e **justo** para **nos perdoar os pecados**, e nos purificar de **toda** a injustiça" (1 João 1:8-9).

Tempo para arrepender-se. "E *dei-lhe (a ela) tempo para que se arrependesse* da sua prostituição (imoralidade); e não se arrependeu. Eis que a porei numa cama, e sobre os que adulteram com ela virá grande tribulação, se não se arrependerem das suas obras" (Apocalipse 2:1-2). "Confessai as vossas culpas uns aos outros, e orai uns pelos outros, para que sareis. A oração feita por um justo pode muito em seus efeitos" (Tiago 5:16).

Em seguida, busque a Deus para ver se é o desejo Dele restaurar o seu casamento. É muito **importante** que, não importa qual o casamento você esteja tentando restaurar (primeiro, segundo ou subsequente) que você **busque a Deus**. Vimos que ouvir de Deus em seu coração (que Ele realmente quer restaurar o seu casamento) vai ajudar você a "terminar o curso" e "perseverar até o fim", sem falar que manterá você na direção certa.

Se você não consegue discernir a vontade de Deus para qual casamento ou qual marido Ele quer a restauração (como é o caso de muitas mulheres), então Deus está dizendo que, por agora, Ele quer você toda para Si mesmo. Ele quer que você sinta o seu amor perfeito, que você nunca merece ganhar, mas que você não precisa merecer, porque Ele o dá livremente, mesmo quando você se sente indigna. Ele quer curá-la de todas as suas feridas do passado. Ele quer que você seja tão cheia **Dele** ao ponto de não **precisar** de qualquer marido terreno. Este é o lugar onde todas as mulheres precisam estar. Quando somos necessitadas, nós estamos vulneráveis à dor e, muitas vezes afastamos o marido. Deixe Deus ser seu Marido e ver o que é o verdadeiro amor! (Veja Isaías 54:4-6).

O meu adultério de estar em um segundo (ou subsequente) casamento pode ser perdoado?

Sim. Em João 8:11 Jesus pergunta a mulher pega em adultério se alguém a condenou, "E ela disse, 'Ninguém, Senhor.' E Jesus disse, 'Nem eu te condeno. Vá e não peques mais'".

Alguns têm lido no verso que "vai e não peques mais" significa que, se ela estava em um casamento adúltero que ela precisava se divorciar do marido, a fim de ser limpa. Nada poderia estar mais longe da verdade!

12. Buscando a Deus   141

Ignorando ou minimizando o poder do sangue de Cristo. Quando você acredita que Deus *não* perdoará um segundo ou subsequente casamento, mas o vê somente como um adultério constante, você está dizendo que o sangue de Jesus não é capaz de cobrir o pecado do adultério causado por terem se divorciado e casado novamente.

Mas este versículo nos diz diferentemente: "Não sabeis que os injustos não hão de herdar o reino de Deus? Não erreis: nem os devassos, nem os idólatras, nem os **adúlteros**...herdarão o reino de Deus. E é o que **alguns** *têm sido*; mas haveis sido lavados, mas haveis sido santificados, mas haveis sido justificados em nome do Senhor Jesus, e pelo Espírito do nosso Deus" (1 Coríntios 6:9-10). Aleluia! Deus pode perdoar e perdoa o adultério, todo e qualquer adultério! "E disse-lhe Jesus: Nem eu também te condeno; vai-te, e não peques mais" (João 8:11). Impossível, você acha?

Quando Jesus falou de ser "mais fácil de um camelo passar pelo buraco de uma agulha do que um homem rico entrar no reino de Deus" que é certamente **impossível** de fazer, Seus discípulos questionaram: "Então quem pode ser salvo?" "E olhando para eles Jesus disso, 'Para o homem isso é **impossível**, mas para Deus **tudo** é possível'" (Mateus 19:24-26).

Mas me disseram que já que meu marido foi casado antes (ou eu fui casada antes) que eu estou em adultério "contínuo".

Se nós formos além do Seu sangue derramado e Seu perdão pela "necessidade" de "fazer a coisa certa" e não ficar em um segundo casamento (que, por sinal, constituiria um divórcio que Deus diz que Ele odeia), então uma pessoa que roubou alguma coisa teria a necessidade de "fazer a coisa certa", devolvendo o que ele tinha roubado. O que seria bom se a pessoa ainda tivesse o que ela tomou, e caso ela não tivesse mais os bens ou dinheiro, ela certamente poderia **trabalhar** para pagá-los de volta. No entanto, se alguém assassinou e precisa fazer "o que é certo", como poderia ser feito? A pessoa assassinada está morta. Portanto a "solução" de "fazer o certo" não funciona, pois não é aplicável a **todos** os pecados.

Além disso, a essa ideia se acrescenta "obras" na equação do perdão enquanto Tito 3:5 diz claramente que "**não** é por **obras** da justiça que **nós** fazemos, mas segundo a Sua misericórdia, Ele nos salvou pela lavagem da regeneração e da renovação do Espírito Santo".

Há ministérios de casamento que acreditam que somente aqueles que estão no primeiro casamento são abençoados e confirmados por Deus (uma vez que eles mesmos estavam no primeiro casamento). No entanto, eles negligenciam o poder do Seu sangue que cobre **todo** o pecado. A verdade é encontrada na bondade de Deus, Ele é um Deus de esperança para **todos** os que se achegam a Ele, não importa o quão confusa a vida deles possa ser.

Além disso, Deus confirmou a sua vontade por meio de **muitos** casamentos restaurados daqueles que estavam no segundo ou subsequente casamento. Deus não faz acepção de pessoas: Ele perdoa, e Seu sangue cobre todos os pecados sem que tenhamos de acrescentar obras à equação.

Nós não estamos mais sob a lei, mas vivemos pela graça. "Para qualquer que guarda toda a lei, mas tropeça em um só ponto, ele tornou-se culpado de todos "(Tiago 2:10). "Mas Deus, sendo rico em misericórdia, pelo grande amor com que nos amou, mesmo quando estávamos mortos em nossos delitos, nos deu vida juntamente com Cristo (pela graça sois salvos)...Porque pela graça sois salvos mediante a fé, e isto não vem de vós, é **dom** de Deus..." (Efésios 2:4–5, 8).

Um presente (dom) não é algo que você pode ou deve **conquistar**, é **livre e carinhosamente dado**! Tentando viver sob a lei era uma maldição, mas "Cristo nos resgatou da maldição da lei" (Gálatas 3:13). Aleluia!

A maioria dos que querem acreditar que um casamento adúltero é um "pecado imperdoável" são as mesmas pessoas que estão olhando para a trave no olho de outra pessoa, mas não conseguiram notar a trave em seu próprio olho. Se você está julgando alguém deste modo, lembre-se que vai ser como Deus irá julgá-la. "Pois da maneira que você julga, você será julgado, e pelo seu padrão de medida, será usada para medir vocês." (Mateus 7:2).

O segundo casamento não é permitido se estiver dentro das circunstâncias certas?

Quando alguém vê o perdão de Deus para com aqueles que foram perdoados de adultério em um segundo ou subsequente casamento, é muito tentador se casar novamente, em vez de buscar a restauração, especialmente quando é tão doloroso.

Se você continuar a procurar o que **você** deseja e não a vontade de Deus para a sua vida, você **nunca** vai experimentar a vida abundante que Ele tem à sua espera.

Devo buscar a restauração deste casamento ou voltar ao meu primeiro marido?

Sua vontade. Depois de confessar seu pecado de ter corrido adiante de Deus e casado novamente ou casado com alguém que já era casado, você deve colocar a *sua* **vontade** de lado e pedir ao Seu Pai Celestial pela **vontade** *Dele* a respeito de seu casamento atual. O Senhor quer que você continue buscando a restauração deste casamento que está se desfazendo? Muitas mulheres enfrentaram esta tarefa difícil, mas Deus é *sempre* fiel e Ele a guiará se buscá-lo. Ore pela direção de Deus. "O ladrão não vem senão a roubar, a matar, e a destruir; eu vim para que tenham vida, e a tenham com abundância" (João 10:10).

Um fundamento adúltero. Seu casamento atual é o resultado de um relacionamento adúltero? Você ou seu marido eram casados com outra pessoa? Este primeiro(a) esposo(a) permaneceu sem se casar? Se você respondeu sim a todas as três perguntas, pode ser que o Senhor queira que você ajude a restaurar seu casamento anterior.

Novamente, é a **busca ao Senhor** por *Sua* **vontade** que lhe trará a paz que excede todo o entendimento. Entregar-se totalmente a Ele, arrependendo-se de seus pecados e ser perdoado, estando disposto a perdoar, e, em seguida, colocar sua **confiança** em Deus, que tem um futuro maravilhoso, uma esperança e uma vida abundante esperando aqueles cujos corações são completamente Dele, isto é o que Ele está pedindo que você faça.

Não permita que o inimigo a coloque sob condenação. Você saberá que é o inimigo se você sentir "falta de esperança" em seu espírito. Deus não condena, mas em vez disso, nos convence e "gentilmente" prepara-nos para cumprir a Sua vontade, com a ajuda do Espírito Santo e por Sua maravilhosa graça.

E se meu marido se casou novamente?

Quando as mulheres que se divorciaram começam a ver seus maridos se casarem com a OM, eu "pensava" que sabia a resposta com base no plano que eu tinha quando o meu marido me disse ia se casar com a OM. Deus me lembrou em Isaías 55:8-9: "'Porque os meus pensamentos não são os vossos pensamentos, nem os vossos caminhos Meus caminhos', diz o Senhor. Porque assim como os céus são mais altos do que a terra, assim são os Meus caminhos mais altos do que os vossos caminhos, e os Meus pensamentos que os vossos pensamentos'".

Eu tinha me convencido (voltando quando meu marido tinha ido embora), que se ele se casasse com a outra mulher, então eu acreditava que Deus estava me dizendo para me dedicar a Ele, aos meus filhos e a ministrar para mulheres mais jovens, que não era mais para eu buscar a restauração. A primeira parte era verdade: era para eu me dedicar ao Senhor, para os meus filhos, e a ministrar às mulheres, mas a segunda parte de "não mais buscar a restauração" me faria ficar aquém do Seu plano perfeito.

Deus é **bom** o tempo todo! É Seu desejo dar **esperança** a todos os que o buscam! Deus tem revelado fielmente **Seu** plano para as mulheres cujos maridos voltaram a se casar através de dois testemunhos de casamentos restaurados que Ele trouxe para mim quando eu supliquei a Ele para que me ajudasse a ministrar de uma forma eficaz para este grupo de mulheres em nossa irmandade. No primeiro testemunho, Deus deu a uma mulher (cujo marido havia se casado novamente) a fé para acreditar e perseverar até o fim, e ela recebeu o seu marido e família de volta!

Esta mulher continuou a orar e a acreditar, **mesmo depois** de seu marido ter se casado novamente com a OM, mas logo sentiu que ela poderia estar louca por continuar a acreditar, já que **ninguém** concordava com ela (que foi exatamente o que eu senti até a metade da minha restauração). Em seu ponto mais baixo, ela **clamou** a Deus, que a levou a Esdras 9 e 10. Foi lá que ela encontrou a **esperança** para continuar a crer e suportar a provação final, quando o Senhor **a guiou** a dar a sua casa ao seu ex-marido e as suas duas filhas. Apenas duas semanas depois, seu marido "quebrou". Ele deu sua vida para o Senhor, se divorciou de sua esposa, e se casou com esta esposa crente. Além disso, ele se tornou um ministro da Palavra de Deus, embora ele tenha sido um profissional criminoso!

No começo eu estava descrente, mas quando comecei a estudar as Escrituras em Esdras (que Deus deu à mulher cujo marido havia se casado novamente), eu ganhei a fé e as verdades bíblicas para acreditar que, se Deus restaurou o casamento dela, isto estava disponível para todas as mulheres cujo marido haviam se casado novamente! Aqui está o que eu encontrei:

Esdras 10:10-11 diz, "Então se levantou Esdras, o sacerdote, e disse-lhes, 'Vós tendes transgredido, e casastes com mulheres **estrangeiras**, aumentando a *culpa* de Israel. Agora, pois, fazei confissão ao Senhor Deus de vossos pais, e fazei a sua vontade; e **apartai-vos** dos povos das terras, e das mulheres estrangeiras."

Então em Esdras 10:14 nós lemos "Ora, ponham-se os nossos líderes, por toda a congregação sobre este negócio; e todos os que em nossas cidades casaram com mulheres **estrangeiras** venham em tempos apontados, e com eles os anciãos de cada cidade, e os seus juízes, até que desviemos de nós **o ardor da ira do nosso Deus, por esta causa.**

Eu pesquisei em Esdras e consultei o termo mulheres "estrangeiras" ou "estranhas", que os homens deveriam se "apartar" ou se "separar" na tradução original do grego. O que eu vi foi que as palavras "estrangeiro" e "estranho", na Versão King James foram traduzidas como "adúltera". Isto significa que Deus está dizendo que se um homem está em um casamento fruto de **adultério**, e Deus o guia, então Deus diz para que ele se **"aparte"** (ou se **separe**) daquele casamento. "Isso significa que se um homem é casado em um casamento fruto de **adultério**, *através da orientação de Deus*, ele pode na verdade ser orientado a **apartar-se** (ou se **separar** de) desse casamento." O Capítulo 10 de Esdras termina com este verso: "Todos estes tomaram mulheres estrangeiras; e alguns deles tinham mulheres de quem tiveram filhos." (Esdras 10:44). Se este versículo diz respeito a você, lembre-se que quando Sarah disse a Abraão para mandar Hagar e o filho de Abraão embora, **Deus** lhe disse para ouvi-la! "E Deus disse a Abraão: 'Não se angustie por causa do moço e sua empregada doméstica, em tudo o que Sarah te diz, ouve a sua voz...'" (Gênesis 21:12).

Deus se preocupou com Agar e seu filho Ismael depois que Abraão a mandou embora. "Então se levantou Abraão pela manhã de madrugada, e tomou pão e um odre de água e os deu a Agar, pondo-os sobre o seu ombro; também lhe deu o menino e despediu-a; e ela partiu, andando errante no deserto de Berseba." (Gênesis 21:14). Mais tarde, quando eles estavam prestes a morrer, Deus disse a Agar, "Ergue-te, levanta o menino e pega-lhe pela mão, porque dele farei uma grande nação." (Gênesis 21:18).

Depois de eu ter visto o primeiro testemunho e estudado os versos de Esdras e Genesis com o testemunho de Abraão, mais uma vez eu busquei diligentemente a Deus em oração para me certificar de que o que eu acreditava estava correto. Uma ou duas semanas mais tarde, Deus fielmente confirmou Seu direcionamento quando um homem nos enviou o testemunho de seu casamento, que foi restaurado depois de ter sido casado novamente e de ter sido levado a se divorciar ou se "apartar" da esposa do casamento adúltero. Ele estava em um estado de quebrantamento que ele se viu em uma prisão, devido ao seu casamento com a OM. (Você pode ler esses dois testemunhos no livro *Pela palavra do seu testemunho*).

Mais uma vez, isso nos mostra que não importa qual seja a sua situação: casada, separada, divorciada, marido casou novamente, em primeiro, segundo ou terceiro casamento. Você **deve** buscar ao Senhor sobre a restauração e permitir que Ele a conduza! Se o seu marido se casou novamente, há **esperança**! Somente com base nas estatísticas de divórcio, há apenas 15% de chance de que esse casamento sobreviva. Quando você adiciona suas orações e fé a esta equação, você pode facilmente "esperar contra a esperança" e acreditar! (Veja Rom. 4:18).

Enquanto você continua a buscar a face de Deus e a seguir Seus princípios para a restauração, Deus estará ocupado fazendo com que o casamento do seu marido termine em divórcio.

Graça, graça e mais graça

Fechamento o segundo capítulo que lida sobre o divórcio e das questões sobre se casar novamente, pode parecer que este capítulo contradiz o capítulo anterior, "Eu Odeio O Divórcio", mas este caso não se contradiz mais do que o caso do Antigo Testamento que contradiz o Novo Testamento. O Antigo Testamento é a lei que o povo de Deus foi incapaz de manter, então, no Novo Testamento, Jesus entra, Seu sangue derramado cobre **todo** o pecado e a graça abunda!

Por que ensinar esse caminho e não ficar com a "letra da lei"? "[Ele foi] que nos fez idôneos [fazendo-nos para estar em forma e digno e suficiente], como ministros e dispensadores de **uma nova aliança** [de salvação através de Cristo], não [os ministros] da letra (da legalidade do código escrito), mas do Espírito, porque o código [da Lei] mata, mas o Espírito [Santo] torna vivo" (2 Coríntios 3:06).

Este capítulo nos lembra da graça abundante de Deus! Ele é um Deus da segunda, terceira, e muitas chances! Jesus nos disse para perdoar setenta vezes sete. Quanto mais Deus está disposto a nos perdoar e a todos os que pecam e estão destituídos da glória de Deus?

O segredo para a compreensão desses capítulos é em *busca* Dele. Eu não tenho todas as respostas, nem *ninguém*, exceto Deus! Mesmo Jesus, quando os saduceus perguntaram qual marido deveria ficar com a esposa que tinha sido transmitida através de sete irmãos (como eram os seus costumes, quando um homem morria deixando uma viúva e sem filhos), Ele não lhes deu uma resposta direta, mas em vez disso, os corrigiu no que diz respeito à sua compreensão das Escrituras **e** do poder de Deus! (Veja Mateus 22:23-33).

Isso significa que cabe a você *buscar* a Deus por sua restauração para **toda** e **qualquer** pergunta que você tem e pelo poder de Deus! Não deixe ninguém te privar de um relacionamento íntimo com o Senhor ou de escutar diretamente Dele. Deus permitiu esta provação em sua vida para atraí-la para mais perto Dele, para que você possa experimentar **alegria** no meio dessa provação e em cada provação futura que você experimentar em sua vida!

Façamos um compromisso pessoal de

BUSCARMOS AO SENHOR

PESSOALMENTE

e encorajar todos a fazer o mesmo!

Compromisso pessoal: de buscar ao Senhor para saber se devo procurar a restauração do meu casamento atual (ou passado) agora ou no futuro. "Baseado no que aprendi da Palavra de Deus, comprometo-me a perguntar a Deus se devo ou não buscar a restauração deste casamento. Colocarei de lado minha própria vontade, desejando somente a *Sua* vontade, já que Ele é o meu Senhor. Eu prometo esperar para que Ele me guie, e nesse meio tempo eu vou buscar uma grande intimidade com Ele. Adicionalmente, eu nunca julgarei ninguém que esteja num segundo casamento ou subsequente, mas saberei que o sangue de Jesus é capaz de cobrir o pecado do adultério".

Data: _____ Assinado: _____

Testemunho: restaurado depois de o marido ter casado novamente

Uma mulher da Califórnia escreveu para mim a respeito da restauração de seu casamento. As coisas progrediam muito bem e nós duas estávamos esperançosas de que seu casamento seria restaurado em breve. Entretanto, um dia ela soube através de uma amiga que seu marido havia casado com a outra mulher. Desapontada, ele escreveu para mim: "E agora?"

Compartilhei com ela muito do que você acabou de ler neste capítulo a respeito do recasamento. Ela escreveu de volta e agradeceu. Disse que, uma vez que ela se contentou com a aparente vontade de Deus para sua vida e abriu mão de sua própria vontade pela Dele, agora estava em paz e contente em viver sozinha, sem se casar (ela estava com trinta e poucos anos).

Dentro de um ano, ela escreveu novamente contando que recentemente seu ex-marido havia entrado em contato com ela. Ele disse que percebeu que cometeu o maior erro de sua vida! Ele já estava separado da nova esposa e estava dando entrada no divórcio. Ele queria saber se ela consideraria a ideia de sair com ele novamente ou se ela somente consideraria isto após ele estar legalmente divorciado. Ele disse que era seu desejo casar com ela de novo se ela o aceitasse!

Compartilhei este princípio de "deixar ir" **completamente** o marido após seu segundo casamento, com uma afirmativa firme para muitas outras mulheres. Todas elas rejeitaram o conselho, exceto esta **única** mulher que atualmente tem seu casamento restaurado! Quando o seu marido tiver tomado a decisão de se casar com a OM, você deve fazer mais para deixar ir e deixar Deus trabalhar.

Uma vez que foi deixado só, seu marido foi capaz de sentir o impacto total de sua decisão errada de casar com a outra mulher. Ele não viu ou ouviu falar de sua primeira esposa durante este período, mas teve que procurar por ela para achá-la de novo (eles não tinham filhos).

Eu digo isto àquelas que estão com medo de deixar ir, por temerem que Deus seja incapaz de trazer uma pessoa de volta.

Quando o marido ainda está na casa, o casamento é mais facilmente restaurado do que aquele em que eles estão separados. Um casal separado é mais facilmente restaurado do que aquele que passou por um divórcio. O mesmo é verdadeiro para um casamento que não apenas passou por divórcio, mas em que o marido se casou novamente. É preciso mais fé, a oração, a intimidade com o Senhor, deixando ir mais, e testes maiores.

Com Deus nada é impossível, mas longe Dele nós não podemos fazer nada.

Considere em oração tornar-se membro de nossa Comunidade de Restauração para ajudá-la a ver SEU casamento ser restaurado. Você pode saber mais sobre os muitos benefícios de tornar-se membro em nosso site: **AjudaMatrimonial.com**

―――――――― Capítulo 13 ――――――――

Maravilhoso Conselheiro

"E se chamará o Seu nome:
Maravilhoso Conselheiro,
Deus Forte,
Pai da Eternidade,
Príncipe da Paz".
—*Isaías 9:6*

Meu marido está dando entrada no divórcio; o que devo fazer?

Como encontro alguém para me defender?

Como posso proteger-me e, especialmente, proteger meus filhos?

Muitos cristãos, conselheiros e até pastores irão aconselhá-la a contratar um bom advogado cristão para proteger você e seus filhos. Entretanto, quando eu enfrentei este mesmo dilema, pesquisei a Bíblia e fui ao "Poderoso Conselheiro".

Descobri em Sua Palavra que Ele tinha prometido me proteger e defender! Escolhi a Ele e fiz o que Sua Palavra me disse para fazer. Ele não somente foi fiel, mas também foi mais poderoso do que qualquer advogado ou juiz poderia ser, porque coloquei minha confiança **nele somente!**

Compartilhei esses princípios com várias pessoas. Cada uma delas descobriu que seguir esses princípios mudaram sua situação e trouxe a paz onde antes havia guerra.

Quem compreende a mente do Senhor? "Ó profundidade das riquezas, tanto da sabedoria, como da ciência de Deus! Quão insondáveis são os Seus juízos, e quão inescrutáveis os Seus caminhos! **Porque quem compreendeu a mente do Senhor?** Ou quem foi Seu conselheiro?" (Romanos 11:33-34). Fale com o Senhor. E então **fique quieta** e **ouça** a Ele.

Ai dos rebeldes. O Egito representa o mundo. "**Ai dos filhos rebeldes**, diz o Senhor, que tomam conselho, mas não de Mim; e que se cobrem com uma cobertura, mas não do Meu Espírito, para acrescentarem pecado sobre pecado; que descem ao Egito, sem pedirem o Meu conselho; para se fortificarem com a força de Faraó, e para confiarem na sombra do Egito" (Isaías 30:1-2).

Você tem procurado proteção no sistema judiciário? Você confia em seu advogado **mais** do que você confia no seu Senhor? "...Maldito o homem que confia no homem, e faz da carne o seu braço..." Isto faz com que afaste: "...o seu coração do SENHOR!" (Jeremias 17:5).

Isto não chegará a você. "E, ao que quiser pleitear contigo, e tirar-te a túnica, larga-lhe também a capa" (Mateus 5:40). Normalmente ficamos preocupadas de que nossos maridos não cuidarão de nós e de que irão tirar muito do que nós ou nossos filhos merecemos ter. Se você agir como se ele fosse seu inimigo e lutar, ele lutará de volta. Ele já não fez isto antes?

Muitos contarão 'histórias terríveis' sobre pessoas que se divorciaram para assustá-la e influenciá-la a contratar um advogado. Apenas lembre: "Mil cairão ao teu lado, e dez mil à tua direita, mas **não chegará a ti**" (Salmos 91:7). Ao invés disto, "Não te deixes vencer do mal, mas vence o mal com o bem" (Romanos 12:21). Dispense seu advogado e confie em Deus *somente* para livrá-la e protegê-la.

Você ousa ir a juízo perante os injustos ao invés de perante os santos? "Ousa algum de vós, tendo algum negócio contra outro, ir a juízo perante os injustos, e não perante os santos?" (1 Coríntios 6:1). Este é um versículo muito duro. Ousaríamos fazer isto? Se você simplesmente aparecer no tribunal, você estará comparecendo "perante o injusto".

Em muitos Estados dos EUA, você não viola a lei se não aparecer na audiência se recebeu os documentos do divórcio. Você simplesmente perde à revelia. Alguns Estados fazem você assinar um documento de desistência, afirmando que você não comparecerá, e em alguns outros (como no caso da Flórida), você nem precisa assinar os documentos nem comparecer.

Verifique isto em seu país ou Estado e não tome a palavra de somente uma pessoa como base, se disserem que você 'tem que' fazer alguma coisa. Eu tomei este versículo ao pé da letra quando recebi os documentos do meu divórcio. Eu não os assinei nem apareci na audiência, e Deus me livrou! Se eu tivesse procurado um advogado ou aparecido no tribunal, eu não teria visto o grande livramento da mão de Deus!

Nós julgaremos os anjos. "Não sabeis vós que os santos hão de julgar o mundo? Ora, se o mundo deve ser julgado por vós, sois porventura indignos de julgar as coisas mínimas? Não sabeis vós que **havemos de julgar os anjos**? Quanto mais as coisas pertencentes a esta vida?" (1 Coríntios 6:2-3). Deus está nos mostrando quão triviais e insignificantes são os assuntos do mundo em comparação com nossa vida com Ele.

Assuntos desta vida. "Então, se tiverdes negócios em juízo, **pertencentes a esta vida**, pondes para julgá-los os que são de menos estima na igreja?" (1 Coríntios 6:4). Os tribunais de hoje não seguem os ensinamentos Bíblicos. Se você escolher os tribunais para ajudá-la, você escolherá o julgamento *deles* acima da proteção e provisão de Deus.

Diante de incrédulos. "Para vos envergonhar o digo. Não há, pois, entre vós sábios, nem mesmo um, que possa julgar entre seus irmãos? Mas o irmão vai a juízo com o irmão e isto **perante infiéis**" (1 Coríntios 6:5-6). Quando a igreja começa a ignorar os ensinamentos Bíblicos eles também ignoram a repreensão da igreja.

Eu **nunca** ouvi falar sobre um homem que tenha se convertido de seu pecado de adultério depois de ter sido confrontado pela igreja. Alguns mudaram temporariamente, mas em **todos** os casos eles voltaram para a outra mulher! Então não peça a seu pastor para falar com seu marido. Permita a Deus mudar e suavizar o coração de seu marido.

É preferível sofrer a injustiça ou o dano. "Na verdade é já realmente uma falta entre vós, terdes demandas uns contra os outros. Por que não sofreis antes a **injustiça**? Por que não sofreis antes o **dano**? Mas vós mesmos fazeis a injustiça e fazeis o dano, e isto aos irmãos" (1 Coríntios 6:7-8). Deus diz que é melhor que você seja injustiçada ou defraudada (traída ou enganada).

A maior parte das mulheres com quem eu falo, e que estão passando pelo processo do divórcio, são tão presas ao que receberão, quanto dinheiro como pensão e quantos bens. Se você não permitir a si mesma sofrer o dano, seu marido acabará ficando com raiva e amargura. Se você não permitir a si ser levada de volta ao Mar Vermelho, nunca verá o poder de livramento do Senhor! Lembre-se que "os cuidados deste mundo e a sedução das riquezas sufocam a Palavra!" (Mateus 13:22).

Sabemos que Demas deixou Paulo porque os cuidados do mundo sufocaram nele a Palavra de Deus (2 Timóteo 4:10). O versículo seguinte nos diz como isto acontece: "...E o que foi semeado entre espinhos é o que ouve a Palavra, mas os **cuidados** deste mundo e a sedução das **riquezas** sufocam a Palavra, e fica infrutífera" (Mateus 13:22). A Bíblia fala especificamente que foi por causa das "preocupações" e das "riquezas". Não se preocupe nem fique presa ao dinheiro ou aos bens.

Confie que "Nosso Deus suprirá todas as nossas necessidades", mesmo que os documentos do divórcio digam que ele não tem que pagar tanto pela pensão dos filhos ou que 'pareça' que não haverá dinheiro suficiente para você e seus filhos. Muitas caíram na fé porque a Palavra foi sufocada.

Os documentos do meu divórcio afirmavam que eu não receberia o suficiente para sustentar meus quatro filhos pequenos e a mim mesma. Mas Deus suavizou o coração do meu marido, porque eu confiei no Senhor. Eu nem tive que pedir por mais dinheiro ou dizer a ele minha situação. Deus colocou no coração de meu marido o desejo de pagar todas as nossas contas, até que ele voltou para casa!

Uma derrota para você. "Na verdade é já realmente **uma falta entre vós**, terdes demandas uns contra os outros. Por que não sofreis antes a injustiça? Por que não sofreis antes o dano?" (1 Coríntios 6:7). Esta é a sua resposta: se você for ao tribunal com seu marido, isto já é uma derrota para você. Você pode conseguir o dinheiro ou os bens, mas você perderá seu marido!

Ninguém verá o Senhor. "Segui a paz com todos, e a santificação, sem a qual **ninguém verá o Senhor**" (Hebreus 12:14). Se você deseja agir como Cristo agiu (Jesus era totalmente inocente), lembre-se que "Ele foi oprimido e afligido, mas não abriu a sua boca" (Isaías 53:7). Deus pode começar a trabalhar na vida de seu marido porque você está plantando sementes de vida e não está mais dando a Satanás combustível para a destruição (1 Pedro 3:1).

Queremos que nossos maridos vejam em nós a forma de agir de Jesus. Nós sufocamos o trabalho do Espírito Santo quando fazemos as coisas que 'queremos' ou invés do que 'devemos'. Faça isto da **maneira de Deus**!

Seja tirada. "Toda a amargura, e ira, e cólera, e gritaria, e blasfêmia e toda a malícia sejam **tiradas** dentre vós" (Efésios 4:31). Se temos um advogado(a), difamação e ira *tomarão* lugar. É a respeito disto que o divórcio se trata. Você deve afastar isto de você. Não importa se você tem um advogado cristão ou não, "**vão é (todo) o socorro da parte do *homem***"! (Salmos 108:13).

O socorro do *homem* é em vão. "Dá-nos auxílio para sair da angústia, porque **vão é o socorro da parte do homem**" (Salmos 108:12-13). Tenho ouvido diversas vezes a respeito de todas as formas pelas quais as pessoas tentaram livrar a si mesmas, apenas para descobrirem que, mesmo que um juiz determine em julgamento uma certa quantia de dinheiro ou proteção, os tribunais não poderão fazer seu marido pagar ou protegê-la de sua vingança ou dano físico!

Tem havido muita atenção da mídia a respeito daqueles que não pagaram a pensão dos filhos. Você tem ouvido histórias a respeito de homens que vieram atrás de suas esposas para se vingar fisicamente, e a lei não pode ajudá-las! Permita a Deus mudar o coração de seu marido (Provérbios 21:1).

Seu marido não precisa de penalidades restritivas, mas um coração voltado para você e para seus filhos. Você tem a Sua promessa: "Sendo os caminhos do homem (*seus caminhos*) agradáveis ao Senhor, até a seus inimigos faz que tenham paz com ele" (Provérbios 16:7).

Refugie-se no Senhor. "É melhor **confiar no Senhor** do que confiar no homem" (Salmos 118:8). Um advogado não é substituto para o Senhor. Se você pensa que pode ter a proteção de Deus e do advogado, o seguinte versículo explica que eles são opostos um ao outro. "Assim diz o Senhor: Maldito o homem que confia no homem, e faz da carne o seu braço...Bendito o homem que confia no Senhor e **cuja confiança é o Senhor**" (Jeremias 17:5-7). Você pode ser abençoada ou amaldiçoada. Você decide.

Pare de ficar agitada. "**Aquietai-vos** e sabei que Eu sou Deus" (Salmos 46:10). Coloque isto nas mãos do Senhor. Para de se inquietar a respeito disto, pare de discutir isto com todo mundo. Fique quieta! Se seu marido já iniciou os procedimentos de divórcio, e você já se humilhou e se converteu de seus caminhos errados, então siga estes passos:

Chamou-nos à paz. Diga a seu marido que você não quer o divórcio, mas que você não ficará no seu caminho (Salmo 1:1) e que também NÃO contestará o divórcio. Diga-lhe que não 'o culpa' por querer divorciar-se de você. Diga-lhe que você continuará a amá-lo (se a 'barreira do ódio' foi derrubada), não importa o que ele decida fazer. "Mas, se o descrente se apartar, aparte-se ...mas Deus **chamou-nos para a paz**" (1 Coríntios 7:15).

Doçura no falar. Novamente, garanta que você diga a seu marido que não contestará ou lutará contra ele no divórcio e que não contratará um advogado para você. (Se você tem um advogado, diga a seu marido que vai dispensá-lo). Diga a seu marido que confia nele e que sabe, pelo seu passado, que ele será justo e que fará o que acreditar que é o melhor para você e para seus filhos. "A **doçura dos lábios** aumentará o ensino (persuasão)" (Provérbios 16:21).

Eu odeio o divórcio. Diga a seu marido que você cometeu tantos erros no passado que não quer cometer mais nenhum. Que espera que ele permita que você *não* assine os papéis de divórcio. Eu disse a meu marido que, uma vez que isto era permitido em nosso Estado, o divórcio iria adiante mesmo se eu não assinasse os papéis. Busque ao Senhor para saber como Ele quer livrá-la e quais palavras Ele quer que você diga a seu marido. Lembre-se que o Senhor diz que "**Ele odeia o divórcio**". É claro, se ele insistir que você assine os documentos, concorde em assinar e ore diligentemente para que o Senhor faça com que ele pare de forçá-la a assinar. Se você não for mais a mesma mulher contestadora que era, e seu marido vir uma esposa humilde e mansa, então ele não continuará a pressionar. Não ofereça sugestões para tentar agradar seu marido; isto é desagradável ao Senhor. Busque ao Senhor! (Leia o texto "Esposas, Sejam Submissas" no subtítulo "A Obediência de Sara: Submissão ao Pecado?" do livro *Uma Mulher Sábia*).

Nada é impossível. De qualquer forma, se você tiver participado dos procedimentos do divórcio, nem tudo está perdido. Peça perdão a Deus e a seu marido também. Demonstre seu desejo de que sua família fique unida ao desistir de toda e qualquer ação ou proteção legal. Deus começará a curar agora: "Aos homens é isso impossível, mas *a Deus* **tudo é possível**" (Mateus 19:26).

Se você continuava com o advogado, dispense-o imediatamente se quiser o Melhor para defendê-la. E então ore: "Senhor, nada para Ti é ajudar, quer o poderoso quer o de nenhuma força; ajuda-nos, pois, Senhor nosso Deus, porque em Ti confiamos e no Teu nome viemos contra esta multidão. Senhor, Tu és nosso Deus, não prevaleça contra Ti o homem" (2 Crônicas 14:11).

Mais difícil para conquistar. Se você já passou pelo divórcio, provavelmente, amargura, ressentimento e ira é o que seu marido sente em relação a você. Ore para que Deus perdoe suas transgressões e apague as más memórias que ele tenha e as substitua por bons pensamentos. Ore muito e seja mais dócil (novamente, a doçura no falar aumenta a persuasão) a cada oportunidade que possa ter com seu marido para conquistá-lo de volta. Lembre-se: "O irmão ofendido é **mais difícil de conquistar** do que uma cidade forte; e as contendas são como os ferrolhos de um palácio" (Provérbios 18:19).

Então eu teria suportado. Deus entende o que você está passando. Leia o Salmo 55, Ele está falando diretamente a você. "Ó! Quem me dera asas como de pomba! Então voaria, e estaria em descanso. Eis que fugiria para longe e pernoitaria no deserto. Apressar-me-ia a escapar da fúria do vento e da tempestade" (Salmos 55:6-8). "Pois não era um inimigo que me afrontava; **então eu o teria suportado**; nem era o que me odiava que se engrandecia contra mim, porque dele me teria escondido. Mas eras tu, homem meu igual, meu guia e meu íntimo amigo. Consultávamos juntos suavemente e andávamos em companhia na casa de Deus..." (Salmos 55:12-14).

Roubar, matar e destruir. Se você 'foi embora', volte para casa. Satanás está em glória, porque conseguiu dividir e conquistar novamente! Tome de volta o chão que roubou de você, ele é um ladrão! "O ladrão não vem senão a **roubar**, a **matar**, e a **destruir**; Eu vim para que tenham vida e a tenham com abundância" (João 10:10). Dê a Deus a vitória e o testemunho de transformar isto para Sua glória! Ao invés de jogar fora "sua cruz" (seu casamento problemático), tome-a novamente e siga a Jesus!

Tome a cada dia a sua cruz. "E dizia a todos: Se alguém quer vir após Mim, negue-se a si mesmo, e **tome cada dia a sua cruz**, e siga-me" (Lucas 9:23). Certifique-se de que sua cruz não esteja mais pesada do que Ele designou para você, tire toda a falta de perdão e amargura. Sua cruz é pesada para carregar e, eventualmente, você não será capaz de continuar carregando. Você talvez nem seja capaz de levantá-la agora para começar a seguir a Jesus.

13. Maravilhoso Conselheiro 159

Livre-se de qualquer "obra da carne". A carne irá desgastar e derrubar você. Deixe ir e deixe Deus restaurar. Use este tempo para apaixonar-se pelo Senhor! Se sua cruz está muito pesada para carregar, então, há cargas que *você* colocou nela. Ele não mente e prometeu que não nos daria mais do que poderíamos suportar!

Não há ninguém além Dele. Agora vamos orar juntas como Asa orou em 2 Crônicas 14:11: "Senhor, nada para Ti é ajudar, quer o poderoso quer o de nenhuma força; ajuda-nos, pois, Senhor nosso Deus, porque em Ti confiamos e no Teu nome viemos contra esta multidão. Senhor, Tu és nosso Deus, não prevaleça contra Ti o homem."

Abaixo estão alguns testemunhos curtos (ou Frutos da Palavra) daquelas que escolheram seguir os caminhos do mundo ou os caminhos de Deus:

Testemunho: Um mulher veio ao curso pela primeira vez apenas uma semana antes dela ter que entregar a 'evidência' da infidelidade de seu marido para seu advogado. O advogado disse que se ela pudesse mostrar isto para o juiz, conseguiria mais dinheiro. A lição naquela noite era "Maravilhoso Conselheiro". Sem falar uma palavra na aula, ela foi para casa e jogou a caixa de sapato cheia de "evidências" no lixo. Desde então, seu marido continuou a pagar todas as suas contas, mesmo tendo casado com outra mulher. Ela continua orando e confiando em Deus.

Testemunho: Uma jovem mulher acreditou em Deus ao ler que "Ele é o nosso Provedor". Quando leu os papéis do divórcio, que determinavam que ela receberia apenas o suficiente para pagar o aluguel do pequeno apartamento onde vivia com seus filhos, tomou a decisão de continuar confiando em Deus. Então, ela agiu pela fé. Disse a seu marido que confiava nele e que estava certa de que ele ajudaria a tomar conta deles como fielmente havia feito no passado. Ele continuou a pagar **todas** as suas contas e até deu a ela dinheiro extra de tempos em tempos! A outra mulher e o advogado tentaram falsificar os papéis de divórcio, mas não foram bem sucedidos, porque Deus converteu o coração de seu marido. O divórcio foi adiante, mas pouco tempo depois eles estavam casados de novo.

Testemunho: Uma mulher, cujo marido deu entrada no divórcio, entrou em contato conosco chorando. Disse que tinha uma amiga que também tinha dado entrada no divórcio. Ela contou que foi tão complacente que falhou em compartilhar com sua amiga a respeito de seu casamento problemático e que estava confiando em Deus para ajudá-la.

Algumas semanas depois, ela ouviu uma reportagem chocante no noticiário: o marido de sua amiga ficou tão perturbado com o divórcio, que planejou matar sua esposa, depois de deixá-la partir. Entretanto a rede que ele escondeu enroscou seu próprio pé; ele morreu no incêndio que destruiu completamente a casa deles.

Testemunho: Uma mulher mais velha veio ao 'Ministério Restaurar' depois que seu divórcio havia sido finalizado (embora uma amiga tenha implorado durante meses para que ela viesse!). Ela compartilhou com as outras os efeitos devastadores de ter disputado no tribunal. Ela recebeu 'tudo que merecia': a casa, um carro novo e sua pensão alimentícia. Entretanto, agora tem um ex-marido que não quer nem saber dela. Ele tem centenas de dólares, dignos de rancor e amargura, que o tribunal determinou que ele pagasse a ela e a seu advogado de divórcio.

Testemunho: Uma mulher foi a um grupo de oração (que não é o nosso), pedindo a Deus por seu iminente divórcio. Eles oraram para que Deus fizesse com que o juiz provesse o bastante para ela e seus filhos. Deus respondeu àquela oração e o juiz determinou para ela uma grande quantia de dinheiro no divórcio. Apenas alguns meses depois, ela estava pedindo por orações novamente, uma vez que seu marido não pagou nem um centavo! Novamente, eles oraram para que o juiz fosse firme com seu marido. O julgamento foi novamente em favor dela. Apenas algumas semanas depois, ela pediu ao grupo de oração que orasse para que a polícia conseguisse 'localizar seu marido' e o trouxesse de volta para a 'justiça'! Ele viajou para outro Estado para não ter que pagar. Neste ponto, a polícia o prendeu.

13. Maravilhoso Conselheiro   161

Aquele grupo de oração falhou em realmente confiar em Deus pela proteção dela, para que Ele mudasse o coração de seu marido e fizesse ele 'querer' prover a sua família. "O *meu* **Deus**, segundo as Suas riquezas, suprirá todas as vossas necessidades em glória, por Cristo Jesus" (Filipenses 4:19). Somente Deus pode trazer "vitória".

Não siga os caminhos do mundo; confie em Deus. Prometo a você que Ele nunca irá desampará-la. Somente enquanto você se comprometer ou olhar para a carne em busca de força e proteção, as coisas irão mal. Ainda assim, pode ser que você tenha que passar pelo fogo da provação (*com* Ele) para alcançar a vitória que Ele tem a sua espera. Você tomará a sua cruz e seguirá a Ele?

Quanta fé você tem? O suficiente para dar o passo para permitir que o Senhor lute por você sem um advogado? Minha amada irmã em Cristo, dispense seu advogado e segure na mão de Jesus.

Compromisso pessoal: confiar em Deus somente. "Baseado no que aprendi da Palavra de Deus, comprometo-me a confiar no Senhor para lutar esta batalha por mim. Dispensarei meu advogado(a) (se tiver um) e não comparecerei ao tribunal (a menos que eu esteja em desrespeito à lei)."

Data: _____ Assinado:_____

Capítulo 14

Primeiro a atirar pedras

*"Aquele que de entre vós
está sem pecado
seja o primeiro
que atire pedra..."*
—João 8:7

**Adultério
Motivo para Divórcio
ou
Motivo para Perdão**

O adultério deve ser sempre perdoado?

Sim. Jesus disse à mulher pega em adultério: "Ninguém te condenou? Nem Eu também te condeno; vai-te, e não peques mais" (João 8:10-11). Você condenou seu marido? Na verdade, o **adultério** não só *não* é motivo para divórcio, mas também é **motivo para perdão**, como Cristo mostrou em João 8:10 acima.

Nós também temos o exemplo de um esposo perdoando o adultério em Oséias 3:1. "E o Senhor me (a Oséias) disse, 'Vai outra vez, ama uma mulher, amada de seu (marido), contudo adúltera.'" Então em 1 Coríntios 6:9-11, quando Deus se refere aos adúlteros e fornicadores, Ele diz: "E é o que muitos de você **tem sido**; mas haveis sido lavados, mas haveis sido santificados, mas haveis sido justificados em nome do Senhor Jesus, e pelo Espírito do nosso Deus. Nós fomos lavados no Seu sangue do perdão.

Mesmo assim, muitos pastores dizem que adultério é motivo para o divórcio. "Ouvistes que foi dito aos antigos: Não cometerás adultério. Eu, porém, vos digo, que qualquer que *atentar* numa mulher para cobiçá-la, já em seu coração cometeu adultério com ela." Se fosse verdade que o adultério é motivo para o divórcio, a maioria das mulheres poderiam se divorciar de seus maridos já que a maioria dos homens cobiçam a figura da mulher na televisão ou em revistas!

Se você cometeu adultério, você deve confessar seu pecado para o seu marido se ele não sabe de sua infidelidade. "O que encobre as suas transgressões nunca prosperará, mas o que as confessa e deixa, alcançará misericórdia" (Provérbios 28:13).

O adultério do meu marido deve ser sempre perdoado?

O que Jesus fez? Ele disse à mulher pega em adultério: "Ninguém te condenou? Nem Eu também te condeno; vai-te, e não peques mais" (João 8:10-11). Você condenou seu marido?

Mas ele é um "ofensor repetitivo"!

O que Jesus disse quando Pedro perguntou quantas vezes ele deveria perdoar seu irmão que pecou contra ele. "Sete vezes?" ele sugeriu. Mas Jesus respondeu, "Não te digo que até sete; mas, até setenta vezes sete." Isso dá 490 vezes! (Veja Mat. 18:22.) Frequentemente quando a mulher tem um marido que é recorrente no erro (como o meu era), um pastor ou conselheiro convence a mulher que seu marido **nunca** mudará; entretanto, isso **não** provém das escrituras.

Se isso fosse verdade, mais de 9 em cada 10 dos nossos casamentos simplesmente não seriam restaurados hoje. A **maioria** dos nossos casamentos restaurados são casamentos que tiveram um cônjuge que era um "ofensor repetitivo", em outras palavras, um adúltero repetitivo, não apenas um "caso de uma noite". A maioria, se não todos, tiveram tempo suficiente para arrepender-se, porém recusaram-se, mas Deus ouviu o clamor da esposa, que estava na brecha por seu marido e Deus fez uma obra na vida de seu marido e **quebrou** o pecado do adultério de sua vida. (Para mais informações, leia o capítulo 17, que capacita você a orar Escrituras ou "ficar na brecha" por seu marido, e no capítulo 16, que ensina muitos princípios sobre a oração, especialmente o poder da "oração e jejum").

Você está sem pecados para poder atirar a primeira pedra em seu marido? Jesus também disse às pessoas que queriam que a mulher adúltera fosse punida: "Aquele que de entre vós está sem pecado seja o primeiro que atire pedra contra ela" (João 8:7). Você está 'sem pecados' para poder atirar a primeira pedra em seu marido? A verdade é: "Se dissermos que não temos pecado, enganamo-nos a nós mesmos e não há verdade em nós" (1 João 1:8).

Mas eu nunca fiz nada que fosse um pecado *tão* grave! Deixe-me mostrar que Deus agrupa seus pecados junto com os de seu marido. É assim que Deus vê o pecado: "Porque as obras da carne são manifestas, as quais são: (os dele?) adultério, prostituição, impureza, lascívia... (agora os seus?) inimizades, porfias, emulações, iras, pelejas, dissensões, heresias, invejas..." (Gálatas 5:19-20).

E se eu não o perdoar? Quais são as graves consequências da falta de perdão? "Se, porém, não perdoardes aos homens as suas ofensas, também vosso Pai vos não perdoará as vossas ofensas" (Mateus 6:15).

Quando Deus se refere a adúlteros e fornicadores, Ele diz: "E é o que alguns **têm sido**; mas haveis sido lavados, mas haveis sido **santificados**, mas haveis sido justificados em nome do Senhor Jesus e pelo Espírito do nosso Deus" (1 Coríntios 6:11). "Porque o marido descrente é **santificado** pela mulher" (1 Coríntios 7:14). Uma vez que você e seu marido são uma só carne, nós, do Ministério Restaurar, sugerimos que você se aproxime do Senhor, permitindo-lhe transformá-la mais à Sua imagem. Algo incrível começará a acontecer com seu marido, já que vocês são uma só carne, ele será santificado! Entretanto, se você continuar em pecado, vocês dois permanecerão não santificados.

Mas o adultério já aconteceu antes! Vamos mais uma vez lembrar o que Jesus nos disse quando questionado sobre quantas vezes nós devemos perdoar alguém. "Se ele pecar contra você sete vezes no dia, e vier a você sete vezes, dizendo 'Eu me arrependo', perdoe sete vezes setenta" (Lucas 17:1-4). (Veja o capítulo 9, "Espírito manso e quieto" na parte "Amor difícil".) E também veja abaixo para entender os motivos.

Mas ele não se arrependeu! Quando Jesus estava na cruz pelos *seus* pecados, Ele clamou: "Pai, perdoa-lhes, porque não sabem o que fazem" (Lucas 23:34). (Novamente, leia o Capítulo 8, "Um espírito manso e quieto", no subtítulo "Perdão").

"Não te deixes vencer do mal, mas vence o mal com o bem." Deus especificamente pediu a Seu profeta Oséias para casar-se novamente com sua esposa Gomer, mesmo ela tendo sido abertamente infiel a ele. "...Porque ela não é minha mulher, e eu não sou seu marido" (Oséias 2:2). "Ir-me-ei, e tornar-me-ei a meu primeiro marido, porque melhor me ia então do que agora." Oséias 2:7. "E o Senhor me (a Oséias) disse: Vai outra vez, ama uma mulher, amada de seu (marido), contudo adúltera" (Oséias 3:1). Deus usou a história de Oséias e Gomer para mostrar o Seu comprometimento com Sua própria noiva, a Igreja (leia o livro de Oséias). E também, na parábola do filho pródigo, o filho mais velho diz a seu pai: "...Vindo, porém, este teu filho, que desperdiçou os teus bens com as meretrizes, mataste-lhe o bezerro cevado." Então, o pai respondeu ao filho mais velho: "Mas era justo alegrarmo-nos e folgarmos, porque este teu irmão estava morto, e reviveu; e tinha-se perdido, e achou-se" (Lucas 15:30-32). O que seu marido vai encontrar quando ligar ou aparecer? O bezerro cevado, sua melhor roupa e um anel ou será recebido com julgamento?

Vou poder confiar nele novamente? Deus nos diz para confiarmos Nele, e então você será abençoada com um marido fiel. "Assim diz o Senhor: Maldito o homem que confia no homem, e faz da carne o seu braço. Bendito o homem que confia no Senhor e cuja confiança é o Senhor" (Jeremias 17:5-7). As pessoas sempre perguntam como posso confiar em meu marido. Eu respondo dizendo: 'eu não confio nele, eu confio no Senhor!' Foi o Senhor que fez meu marido ser fiel a mim e Ele o manterá fiel. Glórias a Deus!

Como posso ajudar meu marido? Ajude-o orando... "Vigiai e orai, para que não entreis em tentação; o espírito, na verdade, está pronto, mas a carne é fraca" (Marcos 14:38). Toda mulher que *permitiu a Deus* converter o coração de seu marido, testifica que Deus removeu os olhos cobiçosos e infiéis (estas são mulheres cujos maridos voltaram para casa há anos!).

Deus pode trazer outros testes em nossas vidas, para ter certeza, mas não adultério. Até porque, quando Deus cura, **está feito!** Mas lembre-se, se você semear para a carne, colherá carne. Algumas mulheres coagem ou seduzem seus maridos a voltar para casa. Aprenda a esperar. Quando for a benção do Senhor, Ele não adicionará nenhuma dor a ela! "A bênção do Senhor...não traz consigo dores" (Provérbios 10:22).

O que a Palavra de Deus fala para fazermos ou não fazermos se nossos maridos estiverem em adultério?

A adúltera lisonjeia, nós temos que edificar. "O homem que lisonjeia o seu próximo arma uma rede aos seus passos" (Provérbios 29:5). "Não saia da vossa boca nenhuma palavra torpe, mas só a que for boa para promover a edificação" (Efésios 4:29). A diferença entre bajular e edificar está no coração. Quando alguém bajula, o coração ou a motivação é de "conseguir alguma coisa". A motivação de alguém que edifica é dar algo, não esperando nada em troca. Duas mulheres podem estar falando a mesma coisa, mas a diferença está em seus corações. Que tipo de coração você tem? Você murmura e reclama com os outros sobre o que seu marido não fez em troca de sua gentileza e perdão? Se ele escuta você murmurando ou não, não importa. Deus ouve e está olhando para o seu coração.

Deus pode trazer a Sua ira; você não deve fazer isto! "Mortificai, pois, os vossos membros, que estão sobre a terra: a prostituição, a impureza, a afeição desordenada, a vil concupiscência, e a avareza, que é idolatria. Pelas quais coisas vem a ira de Deus" (Colossenses 3:5-6). "Porque bem conhecemos aquele que disse: Minha é a vingança, Eu darei a recompensa, diz o Senhor. E outra vez: O Senhor julgará o Seu povo. Horrenda coisa é cair nas mãos do Deus vivo" (Hebreus 10:30-31). Se você ainda não perdoou seu marido, pode ser que você fique contente quando a "ira de Deus" começar. Entretanto, Deus nos adverte: "Quando cair o teu inimigo, não te alegres, nem se regozije o teu coração quando ele tropeçar. Para que, vendo-o o Senhor, seja isso mau aos Seus olhos, e desvie dele a Sua ira" (Provérbios 24:17-18).

Não se engane, você não precisa saber o que seu marido está fazendo. "Porque não há coisa oculta que não haja de manifestar-se, nem escondida que não haja de saber-se e vir à luz" (Lucas 8:17). Ele tem sido escondido de você por Deus para protegê-la. Aquelas que atravessam a proteção de Deus para espiar e investigar são **trágicas**, por favor, não cometa o mesmo erro! "Porque o que eles fazem em oculto **até dizê-lo** é torpe" (Efésios 5:12). E mulheres, parem de falar sobre a vida pecaminosa de seus maridos. Isto não glorifica a Deus. Somente o inimigo alegra-se por você querer tanto falar por ele!

O que podemos aprender na bíblia sobre o adúltero e a adúltera?

É a bajulação que atrai um homem a cometer adultério. "Porque os **lábios** da mulher estranha destilam favos de mel, e o seu (*falar*) é *mais suave do que o azeite*. Mas o seu fim é amargoso como o absinto, agudo como a espada de dois gumes. Os seus pés descem para a morte; os seus passos estão impregnados do inferno. Para que não ponderes os caminhos da vida, *as suas andanças são errantes: jamais os conhecerás*" (Provérbios 5:3-4). Enquanto você estava ocupada derrubando-o, a outra mulher o estava exaltando. Enquanto você estava discordando, ela estava concordando. Isto mudou?

Ela usa a sua bajulação para atraí-lo ao adultério e à morte espiritual. "Assim, **o seduziu** com palavras muito suaves e **o persuadiu** com as lisonjas dos seus lábios. E ele logo a segue, como o boi que vai para o matadouro...ou como a ave que se apressa para o laço, e não sabe que está armado contra a sua vida" (Provérbios 7:21-23). Muitas vezes é de repente que ele a segue. Muitas mulheres cujos maridos cometeram adultério, relataram que os alertaram, porém eles não deram atenção aos avisos de suas esposas. (Leia o Capítulo 8, "Ganhe Sem Palavras", para saber porque os maridos ignoram os alertas de suas mulheres).

Mais uma vez, é a bajulação dela que atrai um homem a cometer adultério. "Para que elas te guardem da mulher alheia, da estranha que **lisonjeia** com as suas **palavras**" (Provérbios 7:5). Quando foi a última vez que você louvou seu marido por algo que ele fez? E encorajou seu marido? Ou ficou animada com algo que ele disse? É de se admirar que ele estivesse faminto pelo que a adúltera estava oferecendo: elogios?

Mais uma vez, é a bajulação dela que eventualmente o leva a uma dificuldade financeira. "Para te guardarem da mulher vil, e das **lisonjas** da estranha. Não cobices no teu coração a sua formosura, nem te prendas aos seus olhos. Porque por causa duma prostituta se **chega a pedir um bocado de pão**; e a adúltera anda à caça da alma preciosa. Porventura tomará alguém fogo no seu seio, sem que suas vestes se queimem? Assim, o que adultera com uma mulher *é falto de entendimento*; aquele que faz isso destrói a sua alma. Achará castigo e vilipêndio, e o seu opróbrio nunca se apagará" (Provérbios 6:24-27, 32-33). Muitas mulheres se surpreendem com as ações ou com o que seu marido diz enquanto está em adultério. A Bíblia é clara: neste ponto ele *está com falta de entendimento* e está *destruindo a si mesmo*.

Mais uma vez, Deus diz que ele terá dificuldades financeiras. "O companheiro de prostitutas *desperdiça* os **bens**" (Provérbios 29:3). Houve mulheres que vieram a mim para dizer que isto nunca aconteceria a seus maridos, porque eles eram tão bem sucedidos profissionalmente. A Palavra de Deus se aplica a todo mundo. Todas as mulheres que vieram debater este princípio, depois me contaram sobre o colapso financeiro de seus maridos e como a adúltera consumiu suas riquezas!

A adúltera sai para conseguir o homem. Ela está fora (de casa) para fazer isto! "A mulher veio então ao seu encontro, vestida como prostituta, cheia de astúcia no coração. Ela é espalhafatosa e provocadora, seus pés nunca param em casa (Provérbios 7:10-11). Esta é uma descrição sua também? Você é impetuosa? Você é rebelde? Você gasta mais tempo longe de casa do que em casa? "Porque cova profunda é a prostituta, e poço estreito a estranha. Pois ela, como um *salteador*, se põe à espreita, *e multiplica entre os homens os iníquos (infiéis)*" (Provérbios 23:27-28). (Por favor leia a lição "Os Caminhos de Seu Lar" do livro *Uma Mulher Sábia*, para maiores esclarecimentos).

A adúltera é enganada a pensar que não fez nada errado. "O caminho da mulher adúltera é assim: ela come, depois limpa a sua boca e diz: **Não fiz nada de mal!**" (Provérbios 30:20). Muitas mulheres que vêm a nós buscando ajuda para seus casamentos, respondem da mesma forma afirmando que '**não fizeram nada de errado**'. Você assumiu a responsabilidade total pelo colapso de seu casamento? Até que você olhe diretamente para o que você fez de forma tão profunda e atenta que não possa mais ver os pecados de seu marido, seu casamento não será restaurado.

A adúltera é uma inimiga de Deus! "...Adúlteras, não sabeis vós que a amizade do mundo é inimizade contra Deus? Portanto, qualquer que quiser ser amigo do mundo constitui-se inimigo de Deus" (Tiago 4:4).

Deus lhe dará tempo para se arrepender e, então, causará uma grande tribulação! "E dei-lhe tempo para que se arrependesse da sua prostituição (imoralidade); e não se arrependeu. Eis que *a porei numa cama (de enfermidade)*, e sobre os que adulteram com ela virá **grande tribulação**, se não se arrependerem das suas obras" (Apocalipse 2:1-2). Vemos isto com tanta frequência em nosso ministério. Todos os homens que permaneceram em adultério, em algum momento passaram por uma 'grande tribulação'. É por isto que é vital que, quando seu marido buscar alívio, ele 'saiba' que há paz em sua própria casa. Ele deve *saber* que a mulher contenciosa se foi! Se Deus não o trouxe para perto, então você ainda não está pronta. Deus é mais do que capaz para criar uma situação na vida de seu marido para fazer com que ele entre em contato com você. Não é um problema de Deus ou de seu marido, é seu problema. Uma vez que haja uma mudança significativa, Deus será fiel para trazê-lo para perto. Até este momento, Ele a está escondendo com o desejo de transformá-la e moldá-la de dentro para fora.

Nós também vimos pelo menos quatro casos em que a outra mulher, que não tinha se arrependido após um tempo, ficasse significativamente enferma (por exemplo: lúpus, câncer).

"E *ferirei de* **morte** *a seus filhos*, e todas as igrejas saberão que Eu Sou Aquele que sonda (as mentes) e os corações. E darei a cada um de vós segundo as vossas obras" (Apocalipse 2:23). Além disto, sabemos de dois casos em que um filho morreu. Uma mulher perdeu um filho num aborto por causa de algo que os médicos disseram que era um 'parasita'. Nós, do Ministério Restaurar, ouvimos recentemente sobre o caso em que a outra mulher (que se dizia cristã), em sua audácia, continuou a procurar o marido de outra mulher depois de muitas advertências. Seu filho mais velho morreu de tumor no cérebro.

Esta é uma batalha espiritual. Ela deve ser lutada e vencida no Espírito. Por favor, lei novamente o capítulo 8 "Ganhe Sem Palavras" para entender mais sobre batalha espiritual. Temos orações no final dos capítulos 16 e 17, baseadas na Bíblia, para você orar para restaurar seu casamento, especificamente no caso de adultério. Por favor, ignore e resista à tentação de lutá-la na carne, nem maliciosamente nem sedutoramente. Livros, programas de auditório, e amigos bem intencionados podem tentar induzi-la a utilizar uma abordagem tipo "amor difícil", o que *vai* levar ao desastre, ou a seduzi-lo. Nenhuma destas atitudes é a causa ou a solução para o pecado. **É uma batalha espiritual. Deve ser lutada e *vencida* no Espírito!** De qualquer forma, o amor (como descrito em 1 Coríntios 13) é sempre a resposta certa!

14. Primeiro a atirar pedras

Uma vez que seu marido mostrar que ele se sente capaz de confiar em você (porque ele sabe que você não irá tentar fazê-lo voltar para você, mas que você irá deixá-lo ir), então é hora de atraí-lo como é descrito no livro de Oséias.

Seduzir é muito diferente de atrair. Palavras mansas e amorosas são atraentes. Perdão é atraente. Alguém que está em paz é atraente. Não falhe em atrair seu marido através da mansidão, com palavras amorosas que falem alto e claro que você realmente o perdoou. "Portanto, eis que Eu a **atrairei** e a levarei para o deserto, e lhe falarei ao coração" (Oséias 2:14).

Fique *animada* quando seu marido ligar ou aparecer. Não é importunação ficar animada. Deixe-o saber pela animação, entusiasmo e pelo tom de sua voz que ele é uma pessoa especial e muito amada para você. Entretanto, se você nunca o deixou ir, isto vai afastá-lo. Você deve *primeiro* ter certeza de que ele *saiba* que você realmente o deixou ir, e então comece a atraí-lo com suas palavras suaves.

Por consentimento mútuo. Muitas perguntam o que devem fazer se seu marido infiel aproximar-se delas para ter intimidade física. "Mas, por causa da prostituição, cada um tenha a sua própria mulher, e cada uma tenha o seu próprio marido. O marido pague à mulher a devida benevolência, e da mesma sorte a mulher ao marido. A mulher não tem poder sobre o seu próprio corpo, mas tem-no o marido; e também da mesma maneira o marido não tem poder sobre o seu próprio corpo, mas tem-no a mulher. Não vos priveis um ao outro, *senão por* **consentimento mútuo** *por algum tempo, para vos aplicardes ao jejum e à oração*; e depois ajuntai-vos outra vez, para que Satanás não vos tente pela vossa incontinência" (1 Coríntios 7:2-5).

Se você ainda está legalmente casada, entretanto recusa ser íntima, resiste a seus avanços, manda-o sair de sua cama ou começa a dormir separada dele (por qualquer razão que seja), você está trabalhando e jogando nas mãos do inimigo. Uma mulher descrente certamente mandaria seu marido sair de sua cama ou de sua casa. "E se amardes aos que vos amam, que recompensa tereis? Também os pecadores amam aos que os amam" (Lucas 6:32).

Quando um pecador ou qualquer um que não está 'purificado' veio a Jesus, Ele sempre respondeu mansamente e até os tocou. Ele diz que qualquer um que for a Ele, de maneira nenhuma Ele o lançará fora! (João 6:37). Não importa com que frequência um pecador vá ao Senhor, Ele sempre o aceita de volta, ainda que Ele saiba que ele vai rejeitá-lo novamente em breve. Você é uma imitadora de Cristo?

Entretanto, o versículo acima fala claramente sobre os que ainda estão casados legalmente. Se já houve divórcio, não dê entrada para o mal. Este é o tempo em que você deve se abster de intimidade ao pedido de seu ex-marido.

Compromisso pessoal: de perdoar. "Baseado no que aprendi da Palavra de Deus, comprometo-me a confiar no Senhor e a recusar lutar na carne. Continuarei a perdoar meu marido diariamente e a todos que estão envolvidos. Permanecerei mansa e quieta enquanto caminho em um espírito de perdão".

Data: _____ Assinado:_____

Capítulo 15

Abrindo as janelas dos céus

"Fazei prova de mim nisto," diz o Senhor dos Exércitos,
"se eu não vos abrir as janelas do céu,
e não derramar sobre vós uma bênção tal
até que não haja lugar suficiente para a recolherdes".
—Malaquias 3:10

Esta é uma afirmação muito forte de Deus. Em nenhum outro lugar nas Escrituras Deus nos diz para testá-lo, exceto neste verso. O que é que Deus diz que vai levá-Lo a abrir as janelas do céu, derramando suas bênçãos sobre nós até que transborde?

"'Trazei todos os dízimos à casa do tesouro, para que haja mantimento na Minha casa, e depois fazei prova de Mim nisto', diz o Senhor dos Exércitos, 'se eu não vos abrir as janelas do céu, e não derramar sobre vós uma bênção tal até que não haja lugar suficiente para a recolherdes.'" (Malaquias 3:10)

Você viu isto? Isso é dizimar. Dar o dízimo fará com que Deus abra as janelas dos céus e derrame as Suas benção sobre sua vida!

Muitos cristãos evitam aprender o máximo que puderem sobre este importante princípio, mas, por favor, não perca esta oportunidade! Deus quer que sejamos fiéis e obedientes em **todas** as coisas, e quando nós negligenciamos ou optamos por ser desobediente em uma área de nossas vidas, isso transborda para outras áreas também.

O que é dar o dízimo exatamente? É devolver para o Senhor dez por cento, antes de qualquer coisa, de tudo o que você recebe.

Nossa sociedade como um todo é ignorante deste princípio. Muitas igrejas prejudicam o seu povo por negligenciar ao ensinar a importância do dízimo. Por que isto é tão sério? Deus fica zangado quando deixamos de devolver-Lhe o que é legitimamente Seu. "Do

Senhor é a terra e a sua plenitude, o mundo e aqueles que nele habitam." (Salmos 24:1). Entregar o dízimo é um ato de adoração.

A quantidade de Cristãos que vivem na pobreza ou são endividados é a mesma quantidade de incrédulos. Deus quer fazer de cada crente "a cabeça e não a cauda." Ele quer que você esteja "acima" e "não submetido" a dívida ou qualquer outra coisa que vai governar ou controlar a sua vida (Deuteronômio 28:13). A Sua Palavra nos diz que, "Não devam nada a ninguém, exceto o amor um ao outro..." (Romanos 13:8). "O rico domina sobre os pobres e o que toma emprestado é servo do que empresta." (Provérbios 22:7).

A maioria dos cristãos é abençoada com tanto, especialmente se olharmos para outras nações e o nível de pobreza em que a maioria das pessoas do mundo vive. Gastamos nossos ganhos em prazeres, enquanto as nossas igrejas, missionários e ministérios lutam para sobreviver. Por quê? Porque tentamos agarrar e reter o que não é legitimamente nosso.

Nós recebemos, mas damos tão pouco. "E digo isto: Que o que **semeia pouco**, **pouco** também **ceifará**; e o que **semeia em abundância**, em **abundância ceifará**. Cada um contribua segundo propôs no seu coração; não com tristeza, ou por necessidade; porque Deus ama ao que dá com alegria. (2 Coríntios. 9:6-7).

Nós nos perguntamos e ficamos imaginando por que não recebemos. "Pedis, e não recebeis, porque pedis mal, para o **gastardes em vossos deleites**." (Tiago 4:3)

Deus quis **abençoar** o Seu povo, mas não o fez porque eles não estavam dispostos contribuir com a Sua casa. Ele diz em Ageu 1:6-7: "'Semeais muito, e recolheis pouco; comeis, porém não vos fartais; bebeis, porém não vos saciais; vestis-vos, porém ninguém se aquece; e o que recebe salário, recebe-o num saco furado.' Assim diz o Senhor dos Exércitos: 'Considerai os vossos caminhos!'"

"'Esperastes o muito, mas eis que veio a ser pouco; e esse pouco, quando o trouxestes para casa, **eu dissipei com um sopro**. Por que causa?' disse o Senhor dos Exércitos. "Por causa da minha casa, que está deserta, enquanto cada um de vós corre à sua própria casa.'" (Ageu 1:9)

Entendendo o dízimo

É irônico que tantos cristãos acreditem erroneamente que eles não são capazes de "pagar" o dízimo e bendizer a Deus por meio de ofertas. A verdade é que eles estão simplesmente presos em um ciclo vicioso que apenas a obediência e a fé podem curar. Eles não são capazes de dar o dízimo porque eles roubam a Deus para pagar aos homens, privando-se assim de serem abençoados!

Na verdade, é quando estamos em profunda pobreza que Deus nos pede para dar. Os cristãos na Macedônia compreenderam e aplicaram este princípio de dar: "Como em muita prova de tribulação houve abundância do seu gozo, e como a sua profunda pobreza abundou em riquezas da sua generosidade." (2 Coríntios 8:2). Soa um pouco como muitos de nós, não é mesmo?

Por que 10%?

A palavra dízimo em hebraico é **"ma'asrah"**, que se traduz em "um décimo". Assim, sempre que Deus nos fala em Sua Palavra e diz: para "dizimar", Ele está dizendo para dar-Lhe um décimo.

Por que devo dar o meu dízimo *primeiro*, antes de pagar minhas contas?

Esse é o princípio dos "primeiros frutos" do nosso trabalho. Deuteronômios 18:4 nos diz: "Vocês terão que dar-lhes **as primícias** do trigo, do vinho e do azeite, e a primeira lã da tosquia das ovelhas". Então em Êxodos 34:24 e 26, Deus diz: "Expulsarei nações de diante de você e ampliarei o seu território... Traga o melhor dos **primeiros frutos** da terra ao santuário do Senhor, o seu Deus..."

Isso também é confirmado no Novo Testamento quando Jesus nos fala em Mateus 6:33: "Mas buscai **primeiro** o Seu reino e a Sua justiça; e **todas** essas coisas vos serão acrescentadas."

Onde devo entregar meu dízimo?

Malaquias 3:10 nos diz: "'Trazei todos os dízimos à **casa do tesouro**, para que haja mantimento na Minha casa, e depois fazei prova de Mim nisto', diz o Senhor dos Exércitos, 'se eu não vos abrir as janelas do céu, e não derramar sobre vós uma bênção tal até que não haja lugar suficiente para a recolherdes'".

A sua **casa do tesouro** é onde você está sendo espiritualmente alimentada. Muitos cristãos cometem o erro de dar onde eles **não** são espiritualmente alimentados ou preferem dar onde se vê que há uma necessidade, mas isso é tolice. É como ir a um restaurante, pedir uma refeição, mas quando a conta vem, dizer ao caixa que você prefere pagar o dinheiro ao restaurante do outro lado da rua que não está indo muito bem nos negócios!

Se você estiver participando de uma igreja onde você está sendo alimentada espiritualmente, então você deve dar o dízimo, pelo menos, um décimo de sua renda para a sua igreja. Isso significa que, se você frequenta uma igreja em outro lugar e sentir-se levada a semear financeiramente no nosso ministério (ou qualquer outro ministério ou missões), então esta seria uma oferta "acima e além" do seu dízimo. Nós não queremos que você roube da sua igreja para semear em nosso ministério "pois isso não seria proveitoso para vocês" (Hebreus 13:17).

No entanto, muitos de nossos membros da comunidade que **não** frequentam a uma igreja (por uma variedade de motivos) *e* estão sendo alimentados através do nosso ministério entregam o dízimo ao nosso ministério de restauração de casamentos, uma vez que este é o lugar onde eles estão sendo alimentados espiritualmente.

15. Abrindo as janelas dos céus

Mais uma vez, eu tenho incentivado ao longo deste livro, que busquemos a **Deus**. Isso vale para tudo, incluindo suas finanças. Então, seja obediente e fiel a **Ele**!

Não cometa o erro de seguir diligentemente todos os princípios em restaurar o seu casamento e não conseguir dar o dízimo, para que você não encontre o seu casamento não restaurado, porque você está roubando a Deus.

Lembre-se, Malaquias 3:8-10 nos diz: "Pode **um homem roubar de Deus**? Contudo vocês estão me roubando. E ainda perguntam: 'Como é que te roubamos'? Nos **dízimos *e* nas ofertas**. Vocês estão debaixo de grande maldição porque estão me roubando; a nação toda está me roubando".

Mas já que não vivemos mais debaixo da lei e vivemos pela graça, não precisa ser 10%, precisa?
A graça de Deus garante dar mais, não menos. Quando temos experimentado o Seu perdão, Sua misericórdia, Sua compaixão e Seu sacrifício de Seu sangue derramado pelo qual nos tornamos participantes da Sua glória, isso irá aumentar a nossa vontade de dar mais, certamente não menos.

"...Vocês receberam de graça; **deem também de graça**." (Mateus 8:10).

"Aquele que não poupou a seu próprio Filho, mas o entregou por todos nós, como não nos dará juntamente com ele, e **de graça**, todas as coisas?" (Romanos 8:32).

Entretanto, "...e o que *semeia* em **abundância**, em **abundância** *ceifará*. Cada um contribua segundo propôs no seu coração; não com tristeza, ou por necessidade; porque Deus ama ao que dá com alegria." (2 Coríntios. 9:6).

Se nós duvidarmos e não confiarmos verdadeiramente que Deus proverá para nós, "esse homem não espere receber nada de Deus".

Quando nos apegamos ao que temos para tentar cuidar de nós mesmos, nunca veremos o incrível poder de Deus em nosso favor.

O desejo de Deus é derramar o Seu poder e Suas bênçãos em nossas vidas. Quando nós damos o dízimo, estamos sendo obedientes. Quando, por absoluta gratidão e adoração, livremente damos ofertas além do que é ordenado, estamos verdadeiramente abrindo a porta para que Deus derrame Suas bênçãos e faça a Sua vontade em nossas vidas.

Nós sabemos que Ele "é capaz de fazer infinitamente mais do que tudo o que pedimos ou pensamos, de acordo com o seu poder que atua em nós" (Efésios 3:20).

"Busquem, pois, em primeiro lugar o Reino de Deus e a Sua justiça, e todas essas coisas lhes serão acrescentadas" (Mateus 6:33).

Princípios da administração

Como vimos, o dízimo é um princípio importante na Bíblia. Deus espera que demos o dízimo de volta para Ele de uma parte do que Ele generosamente tem dado a nós. Na verdade, tudo o que Ele nos deu ainda é Dele, somos administradores que Ele confiou para cuidar da terra e tudo o que está nela. Como lidamos com o que Ele confiou a nós, o nosso dinheiro, nossos talentos, nosso tempo demonstra nossa obediência à Sua Palavra, a nossa confiança em Sua promessa de prover e mais importante, a nossa fé n'Ele.

A maneira como você vê e lida com suas finanças é fundamental para o seu crescimento Cristão, e compreender os princípios de Deus da administração lhe permitirá amadurecer em sua caminhada espiritual e herdar as bênçãos que Deus tem para sua vida.

Como você leu até aqui neste livro, Deus lida com muitas áreas em nossas vidas que indiretamente afetam o nosso casamento. Não é suficiente concentrar-se em princípios de casamento exclusivamente, mas novamente Deus está usando esta provação em seu casamento para transformá-la mais à Sua imagem, enquanto Ele te tira da destruição do mundo e mostra-lhe o caminho para a vida.

As riquezas de Deus não são para que nós "fiquemos ricos" da forma que o mundo procura as riquezas, mas ao invés disso, são as Suas bênçãos que fazem parte da nossa herança. Deus quer nos fazer prosperar (Jeremias 29:11), já que Ele sabe que vamos usar nossa herança com sabedoria, sem permitir que a prosperidade nos leve à ruína. Dar um carro para uma criança que é muito jovem certamente vai acabar em tragédia. Não é até ver maturidade que um pai estará disposto a entregar as chaves do carro.

Deus quer que tenhamos uma atitude madura em relação ao dinheiro, pois o dinheiro tem o poder de afetar a nossa capacidade de tomar decisões sábias: "Duas coisas peço que me dês antes que eu morra: mantém longe de mim a falsidade e a mentira; não me dês nem pobreza nem riqueza; dá-me apenas o alimento necessário. Se não, tendo demais, eu te negaria e te deixaria, e diria: 'Quem é o Senhor'? Se eu ficasse pobre, poderia vir a roubar, desonrando assim o nome do meu Deus" (Provérbios 30:7-9).

É evidente que é o desejo de Deus abençoar seus filhos. Aqui temos mais versos que mostram o coração de Deus para você como dos Seus filhos:

"A *bênção do Senhor* é que **enriquece**; e não traz consigo dores." (Provérbios 10:22)

"A *recompensa da humildade* e *do temor do Senhor* são a riqueza, a honra e a vida." (Provérbios 22:4)

"Pelo **conhecimento** os seus cômodos se enchem do que é precioso e agradável." (Provérbios 24:4)

"O *fiel* será **ricamente** abençoado, mas quem *tenta enriquecer-se depressa* não ficará sem castigo." (Provérbios 28:20)

Esses versos dizem que existem condições para receber as bênçãos financeiras (maturidade espiritual) e isso é realmente uma condição que vem do coração (ausência de cobiça).

Todos nós queremos as bênçãos de Deus em nossa vida, mas você sabia que a forma como você lida com suas bênçãos financeiras tem muito a ver com como você cresce no Senhor e em que grau Deus é capaz de trabalhar em sua vida?

"Ninguém pode servir a dois senhores; pois odiará a um e amará o outro, ou se dedicará a um e desprezará o outro. Vocês não podem servir a Deus e ao Mamom (riquezas desonestas, dinheiro, posses, ou qualquer outra coisa que é seu)" (Mateus 6:24).

"Quem é fiel no mínimo, também é fiel no muito; quem é injusto no mínimo, também é injusto no muito. Pois, se nas riquezas injustas não fostes fiéis, quem vos confiará as verdadeiras?" (Lucas 16:10-11).

Para crescer em nossa capacidade de ser usado por Deus, que é a riqueza espiritual, e ganhar as coisas **maiores** (ter o poder e a presença de Deus em nossas vidas) vai depende em parte de como lidamos com nossas finanças.

Para provar isso, há cerca de 500 referências na Bíblia sobre a fé e 500 sobre a oração, mas existem mais de 2.000 versos que se referem às nossas finanças! Além das leis espirituais que foram criadas quando Deus criou o universo (ver capítulo 1), Deus também estabeleceu leis financeiras, que ele compartilhou conosco em Sua Palavra. Nós nos beneficiamos ao seguir as leis ou sofremos as consequências se não o fizermos. Não importa se somos ignorantes sobre elas, ou optamos por rejeitá-las; essas leis, como a lei da gravidade, existem e não podem ser debatidas.

15. Abrindo as janelas dos céus

Princípio #1: Nós colhemos o que nós plantamos.

Um dos princípios mais importantes no gerenciamento é semear e colher. Para colher uma colheita, devemos semear primeiro. Há muitas passagens bíblicas que nos dão uma visão sobre o assunto sobre semear e colher. Aqui estão apenas algumas:

"E digo isto: Que o que **semeia pouco, pouco também ceifará**; e o que **semeia em abundância,** em **abundância ceifará**" (2 Coríntios 9:6).

"Aqueles que **semeiam com lágrimas, colherão com alegria**" (Salmos 126:5).

"Não erreis: Deus não se deixa escarnecer; porque tudo o que o homem **semear**, isso também **ceifará**" (Gálatas 6:7).

"Porque o que **semeia na sua carne**, da carne **ceifará a corrupção**; mas o que **semeia no Espírito**, do Espírito **ceifará a vida eterna**" (Gálatas 6:8).

"E não nos cansemos de **fazer bem**, porque a seu tempo **ceifaremos**, se **não houvermos desfalecido**" (Gálatas 6:9).

Quando semeamos com o entendimento deste princípio e com fé no Senhor e na Sua Palavra, devemos esperar **ceifar** uma colheita onde semeamos! Isso é realmente emocionante!

Nenhum agricultor gastaria o tempo ou o dinheiro para semear, se ele **não** esperasse **ceifar** uma colheita. Além disso, se ele quer **colher** uma safra de milho, ele iria **semear** milho. Se ele queria **colher** o trigo, ele iria **semear** trigo.

Portanto, se você quiser colher bondade, semeie a bondade. Se você quiser colher perdão, perdoe! Se você quiser colher restauração em seu casamento, então **semeie** restauração ministrando e/ou financeiramente, então **antecipe** a colheita, já que os princípios de Deus e suas promessas são verdadeiras, e Ele é fiel!!

Nós podemos crer na promessa de Deus que semeando em Sua obra significa que você também estará investindo no seu futuro eterno. "Não ajunteis tesouros na terra, onde a traça e a ferrugem tudo consomem, e onde os ladrões minam e roubam. Mas ajuntai **tesouros no céu**, onde nem a traça nem a ferrugem consomem, e onde os ladrões não minam nem roubam. Porque onde estiver o vosso tesouro, aí estará também o vosso coração" (Mateus 6:19–21). O mais importante é que o que nós fazemos com o dinheiro aqui na terra é um verdadeiro indicativo de onde está o nosso coração.

"Ora, aquele que dá a semente ao que semeia, também vos dê pão para comer, e multiplique a vossa **sementeira**, e aumente os frutos da vossa justiça; para que em tudo enriqueçais para toda a beneficência, a qual faz que por nós se deem graças a Deus" (2 Coríntios 9:10-11).

Em outras palavras, quando Deus nos dá uma colheita abundante, não é para que fiquemos de forma egoísta para nós, mas é para que possamos semear ainda mais para o reino dos céus.

Os cristãos muito ricos de hoje são os canais que mantêm os Ministérios ativos, enviam missionários para terras estrangeiras, e mantém nossas igrejas florescendo, para que possam alcançar os perdidos para o Senhor. Eles não usam suas finanças para os seus próprios prazeres, mas descobriram que semeando nas coisas de Deus há verdadeira alegria e contentamento.

No entanto, também devemos lembrar que a pobreza e a prosperidade são termos relativos. O que chamamos de "nível de pobreza" nos Estados Unidos pareceria fartura para muitos em outros países.

Como cristãos, nós devemos encontrar contentamento em toda e qualquer situação. O apóstolo Paulo nos relembra em Filipenses 4:12: "Sei estar *abatido*, e sei também ter **abundância**; em toda a maneira, e em todas as coisas estou **instruído**, tanto a ter fartura, como a ter fome; tanto a ter **abundância**, como a padecer *necessidade*".

De fato, há momentos em que Deus chama os Seus santos ao sofrimento, martírio, ou a pobreza (como a pobre viúva que deu duas moedas, tudo o que ela possuía), a fim de glorificar a Si mesmo. Quando Ele nos chama à pobreza ou ao sofrimento, Ele nos dá a graça de suportar com alegria e ação de graças (e sem resmungar ou reclamar).

Embora não possamos compreender todas as razões de Deus para permitir pobreza, podemos confiar que os Seus caminhos são mais altos que os nossos caminhos. "Como em muita prova de tribulação houve abundância do seu gozo, e como a sua **profunda pobreza** abundou em **riquezas da sua generosidade**. Porque, segundo o seu poder (o que eu mesmo testifico) e ainda acima do seu poder, deram voluntariamente" (2 Coríntios 8:2-3). Às vezes, aqueles que sofrem mais precisam tornar-se o mais generoso! Para alguém com o amor ao dinheiro, a perda da riqueza pode ser uma das maneiras que Deus nos aquebranta, nos atrai a Si mesmo, e ensina-nos a confiar somente n'Ele.

No entanto, nos Estados Unidos, a pobreza e a dívida não costumam chamar o interesse ou a atenção da família, amigos e vizinhos. Se formos abençoados com muito, devemos testemunhar aos outros não com hipocrisia ou condenando seu estilo de vida, mas, permitindo que eles "leiam" **Deus** em nossas vidas! "Nós sois a nossa carta, escrita em nossos corações, conhecida e lida por todos os homens." (2 Coríntios 3:2). Devemos expor os frutos de nosso Pai. Devemos estar em paz no meio dos problemas, abençoar nossos inimigos, perdoar livremente, e andar na prosperidade que o Senhor permitir. Nossa generosidade deve glorificá-Lo e pode ser a própria bondade que Deus usará para chamar os outros para Si mesmo!

"... e digam continuamente: O *Senhor* seja engrandecido, **o qual ama a prosperidade do seu servo**" (Salmos 35:27).

Princípio #2: Deus é dono de tudo.

Salmos 24:1 diz simplesmente: "Do Senhor é a terra e a sua plenitude, o mundo e aqueles que nele habitam".

"Tua é, Senhor, a magnificência, e o poder, e a honra, e a vitória, e a majestade; porque **Teu** é **tudo** quanto há nos céus e na terra" (1 Crônicas 29:11).

"**Minha** é a prata, e **Meu** é o ouro, disse o Senhor dos Exércitos" (Ageu 2:8).

Tudo o que temos, seja muito ou pouco, é emprestado para nós, nós somos administradores. Novamente, é como lidamos com o que tem sido confiado a nós (como explicado na parábola Lucas 16) que irá determinar se Ele nos abençoará com mais ou se Ele tirará o que nós já temos.

Princípio #3: Deus é provedor de tudo.

"E digas no teu coração: A minha força, e a fortaleza da minha mão, me adquiriu este poder. Antes te lembrarás do Senhor teu Deus, **que ele *é o que te dá força* para adquirires riqueza;** para confirmar a sua aliança, que jurou a teus pais, como se vê neste dia. Será, porém, que, se de qualquer modo te esqueceres do Senhor teu Deus, e se ouvires outros deuses, e os servires, e te inclinares perante eles, hoje eu testifico contra vós que certamente perecereis. Como as nações que o Senhor destruiu diante de vós, assim vós perecereis, porquanto não queríeis obedecer à voz do Senhor vosso Deus" (Deuteronômio 8:17-20).

"Porque quem sou eu, e quem é o meu povo, para que pudéssemos oferecer voluntariamente coisas semelhantes? Porque **tudo** vem de **Ti**, e do que é **Teu** *to damos*. Porque somos estrangeiros diante de Ti, e peregrinos como todos os nossos pais; como a sombra são os nossos dias sobre a terra, e sem ti não há esperança. Senhor, nosso Deus, **toda esta abundância**, que preparamos, para **Te** edificar uma casa ao Teu santo nome, **vem da *Tua* mão**, e **é toda *Tua***" (1 Crônicas 29:14-16).

"**O meu Deus**, segundo as ***Suas riquezas***, suprirá todas as vossas necessidades em glória, por Cristo Jesus" (Filipenses 4:19).

Seja o que você ganhou no seu trabalho ou o que foi dado a você, quem foi a Fonte de tudo o que você tem? Deus.

Princípio #4: Deus quer a primeira parte do que Ele dá a você.

Muitos cristãos contribuem em suas igrejas e para outra organização de caridade, mas não são abençoados porque eles não entendem este importante princípio. Deus é claro ao longo de toda a Bíblia que Ele quer ser o **primeiro** em todas as áreas de sua vida.

Se você paga as suas contas antes de retornar a primeira parte de volta para Ele, Deus não é o primeiro na sua vida e você terá perdido a bênção. Nós aprendemos no capítulo 5, "Primeiro Amor", que Deus tira de nós o que colocamos na frente Dele.

"Honra ao Senhor com os teus bens, e com a **primeira** parte de todos os teus ganhos; e se encherão os teus celeiros, e transbordarão de vinho os teus lagares." (Provérbios 3:9-10). O princípio é claro; nós **devemos dar a Deus primeiramente.**

Muitas vezes, quando os cristãos começam a considerar o dízimo, eles não conseguem entendem como podem dizimar uma vez que mal estão conseguindo pagar as contas. Isso é porque eles também são ignorantes ao que tem acontecido em suas finanças. Ageu 1:9 diz que Deus "dissipará" o que você traz para casa, e Ele também permite que o **devorador** venha e tome o que era Dele por direito.

"Trazei todos os dízimos à casa do tesouro, para que haja mantimento na Minha casa, e depois fazei prova de Mim nisto', diz o Senhor dos Exércitos, 'se eu não vos abrir as janelas do céu, e não derramar sobre vós uma bênção tal até que não haja lugar suficiente para a recolherdes. *E* por causa de vós **repreenderei o devorador**, e ele **não destruirá** os frutos da vossa terra; e a vossa vide no campo não será estéril', diz o Senhor dos Exércitos" (Malaquias 3:10-11).

A cada mês sem dar o dízimo, Cristãos se surpreendem com "inesperadas" despesas, coisas como reparos ou outras necessidades que eles não previram. Isto só porque eles são ignorantes deste princípio. Porque, se Deus é o **primeiro** em sua vida, primeiro em seu coração, primeiro em seu dia, e primeiro em suas finanças, então (e só então) Deus vai "abrir para você as janelas do céu, derramar sobre vós uma bênção até que transborde", e fielmente "repreender o devorador para você".

Aqueles que se humilham para dar a Deus o dízimo e ofertas se deleitarão na **abundância** de paz! "Mas os *humildes* herdarão a terra, e se deleitarão na *prosperidade* abundante" (Salmo 37:11). Sua Palavra nos diz: "A adversidade persegue os pecadores, mas os *justos* serão **recompensados** com prosperidade" (Provérbios. 13:21).

Princípio #5: O que você faz com a primeira parte determina o que Deus faz com o resto.

Quando Deus pediu a Abraão por seu filho, ele não o poupou; como resultado, Deus lhe diz: "Agora sei que temes a Deus, já que você não me negou o teu filho, o teu único filho, a Mim... porque você fez isso e não me negaste o teu filho, o teu único filho, na verdade eu **vou te abençoar grandemente...**" (Gêneses 22:12, 17).

Deus disse ao exército que tomou Jericó que eles não deviam ficar com os despojos da primeira cidade, e Deus, então, lhes daria o resto. Deus sempre quer primeiro testar os nossos corações. "O crisol é para a prata e o forno é para o ouro, mas Senhor testa os corações" (Provérbios 17:3). No entanto, um dos soldados, Aquin, não pode resistir e levou alguns dos despojos. Quando eles estavam para tomar a próxima cidade, Ai, em uma batalha que era muito menor e deveria ter sido facilmente ganha, eles foram derrotados. (Veja Josué 6).

Este princípio não está apenas em suas finanças, ou na sua restauração, mas em todas as áreas de sua vida. Quando falhamos ao dar a Deus em primeiro lugar, estamos roubando a Deus o que Ele pediu. Ele não quer nenhum outro deus antes Dele: nem o nosso dinheiro, nem nossos cônjuges, nem nossos casamentos, ou nossas carreiras. O que você faz com o primeiro de tudo, irá determinar o que Deus vai fazer com o resto: abençoá-lo ou amaldiçoá-lo.

Você está em crise financeira?

"Mas, buscai primeiro o reino de Deus, e a sua justiça, e todas estas coisas vos serão acrescentadas" (Mateus 6:33).

Você já buscou o Senhor sobre suas finanças? em Filipenses 4:19, a Bíblia ensina claramente que o Senhor é o único que vai suprir **todas** as nossas necessidades. No entanto, se formos para os outros com as nossas necessidades ao invés de buscar ao Senhor, se não formos capazes de "buscá-Lo em **primeiro** lugar", então, "todas estas coisas" *não* serão "acrescentadas".

Você está seguindo os princípios para a segurança financeira no Senhor? As Escrituras nos ensinam que devemos dar o dízimo, a fim de sermos "preenchidos com abundância" e "transbordar" (Provérbios 3:9-10). Também somos encorajados a "semear", se quisermos colher (Gálatas 6:7 e 2 Coríntios 9:6). Você tem semeado e fielmente dado o dízimo? Separe um tempo para ler essas passagens das Escrituras vez após vez, então ore para saber como o Senhor quer mudar a maneira que você está confiando Nele ao cumprir Seu comando a todos os crentes, começando por dar uma parte de volta a Ele.

Se você está dando o dízimo fielmente e ainda está em uma crise financeira, tenha certeza de que você está seguindo todas as leis de Deus. Existem muitas referências nas Escrituras para as ações que levam à pobreza, incluindo não pedir (Tiago 4:2), pedir com a motivação errada (Tiago 4:3), adultério (Provérbios 6:26), consumo excessivo de álcool ou de comportamento glutão (Provérbios 21:17, Provérbios 23:21), a preguiça (Provérbios 10:4, Provérbios 14:23, Prov. 28:18-20), não aceitando repreensão ou correção (Provérbios

13:18), tomar decisões precipitadas (Provérbios 21:5), oprimindo os pobres (Provérbios 22:16), e, claro, a reter de Deus o que é legitimamente Dele.

Enquanto nós estamos devolvendo a Deus os dízimos e ofertas, nós também precisamos ter certeza de que estamos dando aos nossos maridos a honra que merecem. "O coração do seu marido **confia nela completamente, de modo que ele não terá falta de ganho**" (Provérbios 31:11). Se o seu marido teve muita dificuldade de ser o provedor, você tem certeza que ele pode confiar em você? Ele lhe disse para se livrar de seus cartões de crédito, mas você os manteve? Você é responsável com as compras que você faz, e você cuida bem dos caminhos da sua casa? Você o envergonhou para os outros? Tenha certeza que você é pura de coração e fiel ao seu marido em todos os sentidos.

Quando eu estava na ruína financeira como uma mãe solteira de quatro jovens crianças, eu aprendi o princípio do dízimo. Apesar de ter vivido próximo ao nível de pobreza, comecei a entregar o dízimo pela primeira vez na minha vida. Eu não só semeei através do dízimo dando dez por cento da quantidade insuficiente do dinheiro que eu recebi, mas eu também semeei na vida das mulheres que estavam experimentando a tragédia em suas vidas (contando a elas sobre a capacidade de Deus para restaurar seus casamentos).

A minha atitude de dar ao Senhor estabeleceu um padrão em nossa casa, quando meu marido tinha ido embora. Deus honrou isso, levando meu marido a dar dízimo logo depois que ele voltou para casa sem que eu dissesse nada! Se você está lutando com a ideia do dízimo, o que pode ajudá-la é saber que Deus é dono de tudo o que temos, e é só por causa Dele que nos foi dado o "poder para fazer riqueza, para confirmar a Sua aliança" com a gente. (Deuteronômio. 8:18). Portanto, você precisa se certificar de que você dá a Ele **primeiro** e confirmar que Ele é o **primeiro** em sua vida!

Você servirá a Deus ou a mamom (dinheiro)?

Muitos se afastam de ensinar sobre o dízimo por causa dos abusos e porque não querem ser considerados "caçadores de dinheiro", mas isso não elimina a verdade na mensagem. Busque a verdade você mesma. Teste-O para ver se Ele é fiel à Sua promessa. Dê a Deus em primeiro lugar, o dízimo para Sua casa do tesouro (onde você é espiritualmente alimentada), e veja se sua vida mudará e se você será abençoada em todas as áreas de sua vida.

Deus é o único que provê para o nosso ministério e para a nossa família. Semeamos nas vidas daqueles que estão de coração partido e regamos com apoio contínuo através da nossa comunidade, mas é Deus quem traz o sustento. Nós não buscamos a ninguém para suprir as nossas necessidades, somente a Deus.

Deixar de ensinar corretamente um princípio tão importante seria deixar de alimentar as ovelhas e pastorear aqueles que estão vindo para receber a nossa ajuda, apoio e direção.

Jesus disse para alimentar Suas ovelhas, e Deus disse em Oséias que Seu povo morreu por falta de conhecimento (Oséias 4:6). Muitos dos que chegam até nós são novos cristãos ou participaram de uma igreja onde este princípio, e outros princípios da restauração, não são ensinados. Nosso trabalho é fazer discípulos do Senhor, dar-lhes as ferramentas de que precisam para transformar suas vidas.

Para vocês que nunca deram o dízimo para Deus, que Deus prove que vocês podem fazer mais com 90% de sua renda do que com 100% do que você costumava controlar. Será necessário um passo de fé, mas assim como você decidiu restaurar o seu casamento ao invés de seguir em frente, sua vida nunca mais será a mesma.

Para aqueles de vocês que dão (mas Deus não é o primeiro), você pode reorganizar suas prioridades em cada área de sua vida para mostrar a Deus que Ele tem o primeiro lugar.

Deus é um Deus que anseia ser gracioso conosco; Ele deseja nos abençoar! "... e digam continuamente: O Senhor seja engrandecido, **o qual ama a prosperidade do Seu servo.**" (Salmos 35:27)

Deixe-me finalizar com essa maravilhosa **promessa**: "Aqueles que **semeiam** com lágrimas, com cantos de alegria **colherão.**" (Salmos 126:5). **Aleluia!!**

Compromisso pessoal: dar. "Baseado no que eu aprendi nas Escrituras, comprometo-me a confiar e bendizer ao Senhor com as minhas finanças. Vou buscar ao Senhor a respeito de como e onde devo dar o dízimo. Eu semearei na restauração de casamentos ao compartilhar as boas novas sobre a restauração com aqueles que Deus colocar em minha vida e através da minha doação financeira como Deus conduz e provê fielmente para mim".

Data: _____ Assinado:_____

── Capítulo 16 ──

As chaves dos céus

*"Eu te darei as chaves
do reino dos céus..."*
—Mateus 16:19

Jesus deu-nos as chaves dos céus para "desligarmos" o mal e "ligarmos" o bem. "E eu te darei as **chaves** do reino dos **céus**; e tudo o que **ligares** na terra será ligado nos céus, e tudo o que desligares na terra será **desligado** nos céus" (Mateus 16:19).

Remova o mal. Ache um versículo a respeito do que você quer remover. Você deve primeiro amarrar o "valente", que é o espírito que oprime a pessoa pela qual você ora. Busque um versículo com o qual você possa orar. "*Ninguém* pode roubar os bens do valente, entrando-lhe em sua casa, se *primeiro* **não maniatar (amarrar) o valente**" (Marcos 3:27). Amarrar e quebrar as cordas do pecado que está controlando a pessoa que está sendo feita cativa. "Quanto ao ímpio, as suas iniquidades o prenderão, e com as cordas do seu pecado será detido" (Provérbios 5:22).

Substitua o mal pelo bem. Isto é muito importante! "Quando o espírito imundo tem saído do homem, anda por lugares secos, buscando repouso; e, não o achando, diz: *Tornarei para minha casa, de onde saí.* E, chegando, acha-a varrida e adornada. Então vai, e leva consigo outros sete espíritos piores do que ele e, entrando, habitam ali; e o último estado desse homem é **pior do que o primeiro**" (Lucas 11:24-26).

Se você falhar em substituir. Se você falhar em substituir o que você removeu, isto se tornará pior do que antes de você orar. Esta é a razão pela qual tantas pessoas que fazem dietas acabam engordando. Os experts dizem que eles param de comer todo o mal ou tentam não comer nada. Mas nunca substituem isto com algo bom, como oração, caminhadas, exercícios ou comer algo que é bom para eles. Outro exemplo pode ser quando alguém tem a pele muito oleosa. Ela lava o rosto com sabão ou com álcool para retirar o óleo. Então, horas depois a pele está ainda mais oleosa! Os dermatologistas dizem que você deve substituir o óleo que removeu com uma pequena dose de loção.

Substitua as mentiras pela verdade. A verdade só pode ser achada em Sua Palavra. A menos que o que você ouça, o que leia ou que alguém fale para você seja compatível com os princípios da Palavra de Deus, **é uma mentira!**

Substitua a "armadura da carne" pelo "Senhor". Substitua a confiança na "armadura da carne" (você, uma amiga, quem quer que seja) com a confiança no Senhor. "No demais, irmãos meus, fortalecei-vos no Senhor e na força do Seu poder" (Efésios 6:10).

Substitua a atitude de fugir para longe por correr para Deus! "Deus é o nosso refúgio e fortaleza, socorro bem presente na angústia." Salmos 46:1. Corra para o livro de Salmos! *Leia os Salmos (e Provérbios) todo dia. Leia os Salmos que correspondem ao dia do mês mais 30, até o final, então leia o Provérbio correspondente (por exemplo: no 5º dia do mês, leia os Salmos 5, 35, 65, 95, 125 e o Provérbio 5). Uma boa maneira para lembrar é escrever qual a próxima leitura no final do Salmo (por exemplo: no final do Salmo 6 escreva 36, no final do 36 escreva 66. Quando chegar ao 126, escreva Provérbio 6). Já que o Salmo 119 é muito longo é reservado para o 31º dia do mês.*

Como membro da Comunidade Restaurar, você pode acessar nosso Devocional Diário em nosso site. Vá ao site AjudaMatrimonial.com para se associar!

Substitua clamar a outra pessoa por clamar ao Senhor! Ele promete ouvi-la e sustentá-la imediatamente! Mas você **deve** clamar! Não pense 'Bem, Deus não me ajudou no passado'! Se Ele não ajudou, foi simplesmente porque você não pediu. "**Pedi** *e dar-se-vos-á*; buscai e encontrareis" (Mateus 7:7).

Preparando-se para a guerra

Coloque sua armadura diariamente como descrito em Efésios 6:10-18.

As ciladas do diabo. "No demais, irmãos meus, fortalecei-vos no Senhor e na força do Seu poder. Revesti-vos de toda a armadura de Deus, para que possais estar firmes contra as astutas ciladas do diabo" (Efésios 6:10-11). Lembre-se quem é seu real inimigo: Satanás, não seu marido.

A armadura completa de Deus. "Porque não temos que lutar contra a carne e o sangue, mas, sim, contra os principados, contra as potestades, contra os príncipes das trevas deste século, contra as hostes espirituais da maldade, nos lugares celestiais. Portanto, tomai toda a armadura de Deus, para que possais resistir no dia mau" (Efésios 6:12-13). Você deve resistir ao **medo** que faz com que você fuja ou desista, permaneça firme e, tendo feito tudo, continue a permanecer firme. O Salmo 37 é bom para você orar quando estiver contaminada pelo medo.

Fique firme. "Estai, pois, firmes, tendo cingido os vossos lombos com a verdade..." (Efésios 6:14). As pessoas falam sobre 'dar um passo de fé'. Pode ser melhor parar de se movimentar e somente ficar firme! Isto pode ser a diferença entre confiar e tentar a Deus. Algumas vezes sentimos como se estivéssemos dando um 'passo de fé', mas estamos na realidade nos jogando do alto de uma montanha, como Satanás disse para Jesus fazer.

Muitas vezes devemos não dar um "passo" de fé, mas, sim, "ficar firme" na fé. Nossas convicções devem nos habilitar a "ficarmos firmes" no que é certo. Se nos movermos, podemos acabar caindo do alto da montanha. Se Deus traz adversidade em nossas vidas, nossa **firmeza** será o testemunho. Entretanto, como você verá em seguida nesta lição, algumas vezes somos chamadas a dar um passo e andar sobre a água, como Pedro foi chamado a fazer. Aqui é necessário o discernimento. Uma regra que pode nos ajudar é o tamanho da urgência. Normalmente nossa "carne" traz urgência; Deus normalmente nos diz para esperar.

Sua justiça. "...e vestida a couraça da justiça" (Efésios 6:14). Deus está falando sobre Sua justiça, não a nossa. Ele nos diz em Sua Palavra que nossa justiça não é nada além de "trapo da imundícia" (Isaías 64:6).

Ande em paz. "E calçados os pés na preparação do evangelho da paz..." Efésios 6:15. Você pode clamar a promessa em Mateus: "Bem-aventurados são os pacificadores!" Esteja em paz com **todas as pessoas** em **todo**s os momentos!

O escudo da fé. "Tomando sobretudo o escudo da fé, com o qual podereis *apagar todos os dardos inflamados* do maligno" (Efésios 6:16). Você deve ter fé, não em você ou em outra pessoa como um abrigo ou um juiz. Fé em Deus, Nele somente! Circunstâncias nada têm a ver com fé. Acredite em Sua Palavra somente a respeito de sua situação.

O capacete da salvação. "Tomai também o capacete da salvação..." (Efésios 6:17). Você deve ser salva, você deve ser um de Seus Filhos para realmente vencer uma batalha espiritual. É tão fácil como falar com Deus neste exato momento. Apenas diga a Ele, em suas próprias palavras, que precisa Dele, agora. Peça que Ele se torne real para você. Dê-lhe sua vida, uma vida que está uma confusão, e peça ao Senhor para torná-la nova.

Diga a Ele que fará o que Ele pedir, já que Ele agora é seu Senhor. Peça a Ele para "salvar você" de sua situação e da eternidade que está esperando por todos aqueles que não aceitam Seu presente da vida eterna. Agradeça a Ele por Sua morte na cruz, morte que Ele morreu por você. Você pode acreditar agora que não mais viverá sozinha, Deus sempre estará com você e você passará a eternidade no Paraíso.

16. As chaves dos céus

A espada do Espírito. "Tomai...a espada do Espírito, que é a Palavra de Deus" (Efésios 6:17). Isto é exatamente o que temos ensinado: use Sua Palavra para a batalha que será vencida. Quando a batalha é do Senhor, a vitória é nossa! Escreva em cartões 3x5 todos os versículos que vão ajudá-la em sua batalha. Mantenha-os com você em todo o tempo em sua bolsa. Quando sentir que um ataque está vindo, como de medo, leia os versículos a respeito do medo (leia Romanos 8:15 e Salmo 23 para achar maravilhosos versículos para contra-atacar o medo). Clame a Deus. Permaneça firme na fé. "Aquietai-vos e sabei que Eu sou Deus" (Salmos 46:10).

Ore em todo o tempo. "Orando em todo o tempo com toda a oração e súplica no Espírito" (Efésios 6:18). Ore em seu Espírito. Tenha horários designados para a oração três vezes ao dia (como Daniel fez). Esta foi uma das razões pelas quais ele foi lançado na cova dos leões. Não se preocupe, mas lembre-se que, mesmo que você seja lançada na cova, Deus vai fechar a boca dos leões!

Esteja alerta. "...e vigiando nisto com toda a perseverança e súplica por todos os santos" (Efésios 6:18). Ore por outra pessoa que você conhece toda vez que o medo assustá-la. "De boa vontade, pois, me gloriarei nas minhas fraquezas, para que em mim habite o poder de Cristo. Por isso sinto prazer nas fraquezas, nas injúrias, nas necessidades, nas perseguições, nas angústias por amor de Cristo. Porque quando estou fraco então sou forte" (2 Coríntios 12:9-10). Depois de ter orado por alguém, ligue e conte para esta pessoa.

Ore pelos que perseguem você. Deus também nos pediu para orarmos por alguém mais: nossos inimigos, todos eles. Ore por eles e peça a Deus para mostrar-lhe como Ele quer abençoá-los. Somente depois que Jó orou por seus 'amigos', Deus restaurou o que Jó perdeu. "E o Senhor virou o cativeiro de Jó, quando orava pelos seus amigos; e o Senhor acrescentou, em dobro, a tudo quanto Jó antes possuía" (Jó 42:10). "Eu, porém, vos digo: Amai a vossos inimigos, bendizei os que vos maldizem, fazei bem aos que vos odeiam, e orai pelos que vos maltratam e vos perseguem" "para que sejais filhos do vosso Pai que está nos céus" (Mateus 5:44-45).

Conheça a Palavra de Deus

Sua Palavra não voltará vazia. Você deve conhecer e aprender a Palavra de Deus. Você deve procurar as abençoadas promessas de Deus. Estes princípios são provenientes da Palavra de Deus e quando falamos Sua Palavra para Ele em oração, ela não voltará vazia.

Esta é a Sua promessa para você! "Assim será a Minha palavra, que sair da Minha boca; *ela não voltará para Mim vazia*, antes **fará** o que Me apraz, e **prosperará** naquilo para que a enviei" (Isaías 55:11). Seu desejo é que você vença o mal deste mundo. Você deve fazer o que Deus mesmo garante. Não aceite imitações ou falsificações.

Busque por Seus princípios em sua Bíblia. Busque entendimento. Deus diz que se você buscá-lo vai encontrar. A Palavra de Deus dá sabedoria. Olhar profundamente para o significado dará a você melhor entendimento. "E Eu vos digo a vós: Pedi e dar-se-vos-á; **buscai** e **achareis**; batei e abrir-se-vos-á" (Lucas 11:9). E quando você souber o que fazer, então pode aplicar isto em sua vida. "Com a **sabedoria** se *edifica* a casa, e com o **entendimento** ela se *estabelece*; e pelo **conhecimento** se *encherão as câmaras (quartos)* com todos os *bens preciosos e agradáveis*" (Provérbios 24:3-4).

Leia Sua Palavra com prazer. Marque os versículos em sua Bíblia. "**Deleita-te** também no Senhor, e (Ele) te concederá os desejos do teu coração" (Salmos 37:4). Separe um tempo para marcar os versículos, a fim de ter uma referência rápida em tempos de angústia (ou quando conduzir outra pessoa à Palavra). Em Lucas 4:4-10, o que Jesus respondeu quando Satanás estava procurando tentá-lo? "E Jesus lhe respondeu, dizendo: Está escrito... porque está escrito... dito está...". *Use um marcador amarelo ou de diferentes cores para promessas específicas.*

Memorize. Medite dia e noite. Memorize as promessas que achar até que a abençoada segurança delas transbordem em seu coração. Você deve aprender e conhecer as promessas de Deus se quiser depender Dele somente. "Antes tem o seu prazer na lei do Senhor, e na sua lei **medita de dia e de noite**. Pois será como a árvore plantada junto a ribeiros de águas, a qual dá o seu fruto no seu tempo; as suas folhas não cairão, e tudo quanto fizer prosperará" (Salmos 1:2-3).

Não importa quão ruins as coisas pareçam, Deus está no controle. Nosso consolo está em saber que Deus está no controle, não nós e, certamente, não Satanás. "Simão, Simão, eis que Satanás vos *pediu (permissão)* para vos cirandar (peneirar) como trigo; mas Eu roguei por ti, para que a tua fé não desfaleça; e tu, *quando te converteres*, confirma teus irmãos" (Lucas 22:31-32).

Peneirado. Jesus sabia o resultado, embora Pedro tivesse que ser "peneirado" para estar preparado para o chamado de Deus em sua vida. Você estará preparada quando Ele lhe chamar? "Tenha, porém, a paciência a sua obra perfeita, para que sejais **perfeitos e completos,** *sem faltar em coisa alguma*" (Tiago 1:4).

Guerra espiritual

Leve seus pensamentos cativos. Sua batalha *será* **vencida ou perdida em sua mente.** "**Destruindo os conselhos** e toda a altivez que se levanta contra o conhecimento de Deus, e **levando cativo todo o entendimento** à obediência de Cristo. E estando prontos para vingar toda a desobediência, quando for cumprida a vossa obediência" (2 Coríntios 10:5-6). Não jogue nas mãos do inimigo. Não estimule pensamentos maus. Leve-os cativos!

O poder de três

Duas ou três reunidas. Procure outras duas **mulheres** que orem com você. "E acontecia que, quando Moisés levantava a sua mão, Israel prevalecia; mas quando ele abaixava a sua mão, Amaleque (o inimigo) prevalecia. Porém as mãos de Moisés eram pesadas, por isso tomaram uma pedra, e a puseram debaixo dele, para assentar-se sobre ela; e Arão e Hur sustentaram as suas mãos, um de um lado e o outro do outro; assim ficaram as suas mãos firmes até que o sol se pôs..." (Êxodo 17:11-12).

Ache **duas mulheres** a quem você possa se apoiar para não ficar muito fraca. Ore para que Deus a ajude a achar duas outras mulheres que tenham a mesma mentalidade. Você pode achar uma parceira de encorajamento em nosso site.

O poder de três. "E, se alguém *prevalecer* contra **um**, os **dois** lhe *resistirão*; e o cordão de **três** dobras não *se quebra* tão depressa" (Eclesiastes 4:12).

Para levantar o outro. "*Melhor* é serem **dois** do que **um**, porque têm *melhor paga do seu trabalho*. Porque se um *cair*, o *outro levanta o seu companheiro*. Mas ai do que estiver só; pois, caindo, não haverá outro que o levante" (Eclesiastes 4:9-10).

Ele está com você. "Porque, onde estiverem **dois ou três** *reunidos* em Meu nome, aí estou eu no meio deles" (Mateus 18:20). "Então o rei Nabucodonosor se espantou e se levantou depressa; falou, dizendo aos seus conselheiros: Não lançamos nós, dentro do fogo, **três homens** atados? Responderam e disseram ao rei: É verdade, ó rei. Respondeu, dizendo: Eu, porém, vejo **quatro homens** soltos, que andam passeando dentro do fogo, sem sofrer nenhum dano; e o aspecto do **quarto** é semelhante ao *Filho de Deus*" (Daniel 3:24). Você nunca está sozinha!

Concordância. "Também vos digo que, se **dois** de vós *concordarem* na terra acerca de **qualquer** coisa que pedirem, isso lhes será feito por Meu Pai, que está nos céus" (Mateus 18:19). Quando você estiver lutando com a paz sobre algo, ligue para alguém que esteja crendo com você e ore em concordância.

Estar na brecha. "E busquei dentre eles um homem que estivesse tapando o muro e estivesse na brecha perante Mim por esta terra, para que Eu não a destruísse; porém a ***ninguém*** *achei*" (Ezequiel 22:30).

Orar uns pelos outros. "Confessai as vossas culpas uns aos outros, e *orai uns pelos outros*, para que sareis. A oração feita por um justo pode muito em seus efeitos" (Tiago 5:16). E também, confessar a uma mulher de mesma mentalidade é a melhor forma de obter um coração puro.

Faça sua confissão. Esdras sabia o que fazer quando orava: "E enquanto Esdras orava e **fazia confissão**, chorando e prostrando-se diante da casa de Deus..." (Esdras 10:1). Continue confessando a verdade.

Quando você desiste de orar? Nunca! Temos um maravilhoso exemplo do fato de que Deus nem sempre está dizendo 'não' quando não temos nossas orações respondidas.

Sua fé é grande. A mulher cananéia continuou a implorar a Jesus pela cura de sua filha. O resultado: "...Então respondeu Jesus, e disse-lhe: Ó mulher, **grande é a tua fé**! Seja isso feito para contigo como tu desejas. E desde aquela hora a sua filha ficou sã" (Mateus 15:2). Quando oramos por alguma coisa que é claramente a vontade de Deus e parece que não fomos ouvidas ou que Ele disse algo que pensamos que seja "não", Deus simplesmente quer dizer que devemos continuar pedindo, esperando, implorando, jejuando, crendo, pranteando, nos entregando prostradas diante Dele!

A batalha pela alma dele. Você está em jugo desigual? A verdadeira batalha pelo nosso lar é a batalha pela alma de nossos maridos! Lembre-se que você tem a promessa: "...(serás salvo), tu e toda a tua casa" (Atos 11:14). Lembre-se, **o marido é santificado através de sua esposa**. "Porque o marido descrente é *santificado pela mulher*...Porque, de onde sabes, ó mulher, se salvarás teu marido?" (1 Coríntios 7:14-17).

Para achar uma parceira de oração como parte dos benefícios da nossa comunhão, vá até o nosso site: AjudaMatrimonial.com.

Oração e jejum

Oração *e* jejum. Jesus disse a seus apóstolos: "Mas esta casta de demônios não se expulsa *senão* pela **oração e** pelo **jejum**" (Mateus 17:21). Se você tem orado fervorosamente e verificado para ver se seus caminhos são puros, então está sendo chamada a jejuar. Há diferentes durações de jejuns:

Jejum de três dias. Ester jejuou "pelo favor" de seu marido, o rei. Ela jejuou 3 dias "pelo favor". "Vai, ajunta a todos os judeus que se acharem em Susã, e **jejuai** por mim, e não comais nem bebais por *três dias*, nem de dia nem de noite, e eu e as minhas servas também assim **jejuaremos**" (Ester 4:16). Este jejum (ou o de 7 dias) tem outro benefício para aquelas que são contenciosas ou não conseguem parar de falar. Você se tornará muito fraca para discutir!!!

Jejum de um dia. O jejum de um dia começa à noite, depois de sua refeição noturna. Você só bebe água até o período de 24 horas se completar, então come a refeição noturna do dia seguinte. Você jejua e ora durante este período por sua petição. Este jejum pode ser feito algumas vezes por semana.

Jejum de sete dias. Há um jejum que dura 7 dias (sete dias parece representar a perfeição) "E sucedeu que, ouvindo eu estas palavras, assentei-me e chorei, e lamentei **por alguns dias**; e **estive jejuando e orando** perante o Deus dos céus" (Neemias 1:4). Normalmente será durante um grande pesar que você será 'chamada' a jejuar por sete dias.

Meus joelhos estão fracos de tanto jejuar. Quando você está com fome ou fraca, use este momento para orar e ler Sua Palavra. "**De jejuar estão enfraquecidos os meus joelhos**, e a minha carne emagrece" (Salmos 109-24).

Com o objetivo de ser visto. Mantenha tanto silêncio a respeito de seu jejum quanto for possível. Durante o jejum, você deve estar em silêncio, nunca reclamar ou chamar a atenção para você. "E, quando **jejuardes**, não vos mostreis **contristados** como os *hipócritas*;

porque desfiguram os seus rostos, **para que aos homens pareça** que jejuam. Em verdade vos digo que já receberam o seu *galardão*. Tu, porém, quando jejuares, unge a tua cabeça, e lava o teu rosto, *para não pareceres aos homens que jejuas*, mas a teu Pai, que está em secreto; e teu *Pai, que vê em secreto, te recompensará* publicamente" (Mateus 6:16-18).

Muitas escrevem para mim porque dizem que não podem jejuar. Se for por razões médicas ou gravidez, então jejue privando-se 'qualquer coisa boa'. Se, entretanto, você achar que não pode jejuar porque está trabalhando, você está negociando irregularmente com Deus!

Quando o batalha tiver sido vencida, fique parada e veja. Uma vez que você saiba que orou, como temos lido através da Bíblia, então faça como é dito: "Nesta **batalha** não tereis que *pelejar*; postai-vos, *ficai parados e vede* a salvação do Senhor para convosco" (2 Crônicas 20:17).

Ninguém deve se vangloriar. Deus diz que somos um povo obstinado. Quando uma batalha é vencida ou quando a batalha acabou, gloriemo-nos somente Nele. Vamos continuar a ser humildes. "Porque pela graça sois salvos, por meio da fé; e isto não vem de vós, é **dom de Deus**. Não vem das obras, para que ninguém se glorie" (Efésios 2:8-9).

"Não fales no teu coração, dizendo: Por causa da **minha justiça** é que o Senhor me trouxe a esta terra para a possuir; porque pela impiedade destas nações é que o Senhor as lança fora de diante de ti. Não é por causa da tua justiça, nem pela **retidão do teu coração** que entras a possuir a sua terra, mas *pela impiedade destas nações*...pois tu és **povo obstinado**...rebeldes fostes contra o Senhor" (Deuteronômio 9:4-7).

Todos nós pecamos e carecemos da glória de Deus. Então vamos lembrar disto quando a batalha for vencida. Nossa justiça não é nada além de trapos imundos. Glorie-se Nele!

A intensidade de nossas provações é um sinal de que estamos perto da vitória. Suas provações podem se intensificar quando você estiver perto de alcançar a vitória. "Por isso **alegrai-vos**, ó céus, e vós que neles habitais. Ai dos que habitam na terra e no mar; porque o diabo desceu a vós, e tem grande ira, sabendo que já tem **pouco tempo**" (Apocalipse 12:12).

Você deve batalhar da maneira certa. Faça o que Deus diz, isto *vai* funcionar! Não tente defender a si mesma, isto cria guerra e corações endurecidos. "E, finalmente, sede todos de um mesmo sentimento, compassivos, amando os irmãos, entranhavelmente misericordiosos e afáveis. Não tornando *mal por mal*, ou *injúria por injúria*; antes, **pelo contrário, bendizendo**; sabendo que para isto fostes chamados, para que por herança **alcanceis a bênção**" (1 Pedro 3:8). Esteja certa de que ande a outra milha e abençoe seu marido. Pergunte a Deus sobre como Ele quer que você abençoe seu marido.

Esta é uma batalha espiritual. "Ou pensas tu que eu não poderia agora orar a Meu Pai, e que Ele não Me daria mais de doze legiões de anjos?" (Mateus 26:52). Nosso Pai Celestial chamará Seus anjos para lutar a seu favor nos "lugares celestiais", onde a "verdadeira batalha" está acontecendo. "Porque **não temos que lutar contra a carne e o sangue**, mas, sim, contra os principados, contra as potestades, contra os príncipes das trevas deste século, contra as hostes espirituais da maldade, **nos lugares celestiais**" (Efésios 6:12).

Seu marido não é o inimigo. "Não sabeis vós que a quem vos apresentardes por servos para lhe obedecer, sois servos daquele a quem obedeceis, ou do pecado para a morte, ou da obediência para a justiça?" (Romanos 6:16). Uma pessoa em pecado está escravizada pelo diabo.

Nós podemos pensar que aquele que peca é horrível, mas nós também somos, se continuarmos a reagir com vingança (lembre-se, ela pertence a Deus somente!) "Porque, andando na carne, não militamos segundo a carne. Porque as **armas da nossa milícia** não são carnais, mas sim **poderosas em Deus** para *destruição das* *fortalezas*" (2 Coríntios 10:3-4). Vamos atingir a causa ao invés do sintoma.

Esteja comprometida. Esteja comprometida a despeito das consequências e deixe os resultados para Deus. "Eis que o nosso Deus, a quem nós servimos, é que nos pode livrar; ele nos livrará da fornalha de fogo ardente, e da tua mão, ó rei. E, se não (livrar), fica sabendo ó rei, que não serviremos a teus deuses nem adoraremos a estátua de ouro que levantaste" (Daniel 3:17-18).

Estes jovens creram que Deus iria livrá-los, mas a despeito das consequências eles resolveram obedecer ao Senhor de qualquer forma. Mesmo que tivessem que morrer na fornalha, eles deveriam fazer o que sabiam que Deus queria que fizessem e deixar os resultados com Deus. Os jovens não morreram, mas as cordas que os prendiam foram removidas através do seu caminhar no fogo. Você tem cordas (de pecados ou preocupações) que a estão prendendo? Deus libertará. **Esta é a Sua batalha! Chame pelo Senhor dos Exércitos; Ele é o guerreiro.**

Compromisso pessoal: usar as "chaves" que Deus me deu. "Baseado no que eu aprendi na Bíblia, eu me comprometo a usar as "chaves" que Deus me deu para lutar a batalha espiritual que se enfurece diante de mim. Eu me recuso a lutar na carne, mas em vez disso, usarei a oração e o jejum que são "divinamente poderosos" para a destruição de fortalezas que estão contra o meu casamento, marido, família e eu".

Data: _____ Assinatura: _____

Para ler mais sobre oração e jejum para "avançar" em sua jornada, vá para "Ore pelos outros" em nosso site, AjudaMatrimonial.com.

Capítulo 17

Estar na brecha

*"E busquei dentre eles um homem
que estivesse tapando o muro
e estivesse na brecha perante Mim
por esta terra, para que eu não a destruísse;
porém a ninguém achei".*
—*Ezequiel 22:30*

Não há **nada** mais **poderoso** do que orar a Palavra de Deus e as promessas de volta para Ele. Enquanto eu estava esperando por Deus para restaurar meu casamento, eu comecei a esconder a Palavra de Deus no meu coração, fazendo cartões 3x5 e lendo-os várias vezes todos os dias. Logo minhas orações tornaram-se principalmente a Sua Palavra. Este modo de orar é poderoso. Use as orações neste capítulo para aprender a orar os versos que você agora "guardou" em seu coração!

"Amado Pai Celestial, entro em meu quarto de oração e, agora que fechei a porta, oro a Ti em secreto, meu Pai. Como Tu me vês em secreto, Tu me recompensarás publicamente. Está escrito que todas as coisas, o que for que nós pedirmos em oração, crendo, receberemos.

"Ó Deus, Tu és o meu Deus, cedo de manhã eu buscarei a Ti. Minha alma tem sede de Ti em uma terra seca e deserta, onde não há água. Senhor, não há ninguém além de Ti para ajudar na batalha entre os poderosos e aqueles que não têm nenhuma força. Então, ajuda-nos, Ó Senhor nosso Deus, porque confiamos em Ti e em Teu nome viemos contra esta multidão. Ó Senhor, Tu és o meu Deus; que nenhum homem prevaleça contra Ti.

17. Estar na brecha

"Seus olhos, Senhor, percorrem toda a terra para que Tu possas apoiar fortemente aquele cujo coração é totalmente Teu. Sonda meu coração.

"Porque, embora nós andemos na carne, não lutamos com as armas da carne, porque as armas da nossa milícia não são carnais, mas poderosas em Deus para a destruição de fortalezas. Destruindo os conselhos e toda a altivez que se levanta contra o conhecimento de Deus e levando cativo todo o entendimento à obediência de Cristo. E Tu estás pronto para vingar toda a desobediência, quando for cumprida a Tua obediência.

"Ó faz com que a maldade do ímpio chegue ao fim, mas estabelece o justo. Não temerei o mal, meu coração está firmado, confiando no Senhor. Meu coração esta firme, não temerei, até ver meu desejo completar-se contra o inimigo.

"Que a fonte de meu marido seja abençoada e que ele se regozije com a mulher da sua mocidade. Que eu, querido Senhor, seja como a corça de amores e a gazela graciosa, que eu tenha as qualidades escondidas não perecíveis de um espírito manso e gentil em meu coração, o que é precioso aos Teus olhos. Porque os caminhos do homem estão perante os olhos do Senhor e Tu observas todos as suas veredas.

"Qualquer coisa que liguemos na terra será ligado nos céus, e qualquer coisa que desliguemos na terra terá sido desligada nos céus. Eu peço a Ti, Pai Celestial, para repreender e amarrar Satanás no nome e pelo sangue de Jesus Cristo. Cerque seus caminhos com espinhos e constrói uma muralha contra ele, para que não possa achar seus caminhos. Então, Tu me dirás, querido Senhor, 'Vá novamente e ame um homem que é amado por sua esposa.' Desta forma eu falarei docemente com ele. Um homem deve deixar seu pai e sua mãe e unir-se a sua esposa e os dois serão uma só carne.

"Abraão esperou contra a esperança, creu em esperança. E não enfraqueceu na fé, nem duvidou da promessa de Deus por incredulidade, mas foi forte na fé, dando glória a Deus. Ele estava plenamente convicto de que o que Tu havias prometido, Tu eras capaz de cumprir.

"Pois na esperança somos salvos, mas a esperança que se vê não é esperança, porque o que alguém vê, como o espera? Mas se esperamos o que não vemos, então com paciência o aguardamos. Eu teria perecido sem dúvida se não cresse que veria a bondade do Senhor na terra dos viventes. Espere no Senhor, anime-se e Ele fortalecerá o seu coração; sim, espera no Senhor. Pois os que esperam no Senhor renovarão as suas forças, subirão com asas como águias; correrão e não se cansarão; caminharão e não se fatigarão.

"Pois desde o principio do mundo o olho não viu, o ouvido não ouviu e não subiu ao coração do homem, o que Deus preparou para os que o amam e esperam Nele. Certamente que a bondade e a misericórdia me seguirão todos os dias da minha vida e habitarei na casa do Senhor para sempre. Amém."

Orações por aqueles que estão em adultério

"Eu peço a Ti, Pai, para repreender e amarrar Satanás no nome e pelo sangue do Senhor Jesus Cristo. Peço a Ti que construas uma Cerca de Espinhos em volta de meu marido, para que qualquer pessoa que esteja interessada nele perca o interesse e o deixe. Eu baseio minha oração no mandamento da Tua Palavra que diz: 'Portanto, o que Deus ajuntou não o separe o homem.' Eu Te agradeço, Pai, por ouvir e atender a minha oração. Amém".

"Portanto, eis que cercarei o seu caminho com espinhos e levantarei um muro de sebe, para que ele não ache as suas veredas. Ele irá atrás de suas amantes, mas não as alcançará; e buscá-los-á, mas não as achará. Então dirá: Ir-me-ei e tornar-me-ei a minha primeira esposa, porque melhor me ia então do que agora. Portanto, eis que eu o atrairei, o levarei para o deserto e lhe falarei ao coração. E da sua boca tirarei os nomes dos Baalins. E o Senhor me disse: Vai outra vez, ama um (homem), contudo adúltero" *Baseada em Oséias 2.*

"Bebe água da tua fonte e das correntes do teu poço. Derramar-se-iam as tuas fontes por fora, e pelas ruas os ribeiros de águas? Sejam para ti só, e não para os estranhos contigo. Seja bendito o teu manancial, e alegra-te com a mulher da tua mocidade. Como cerva amorosa e gazela graciosa, os seus seios te saciem todo o tempo e pelo seu amor sejas atraído perpetuamente. E porque, filho meu, te deixarias atrair por outra mulher e te abraçarias ao peito de uma estranha? Porventura tomará alguém fogo no seu seio, sem que suas vestes se queimem? Ou andará alguém sobre brasas, sem que se queimem os seus pés? Assim ficará o que entrar à mulher do seu próximo; não será inocente todo aquele que a tocar. Pois os caminhos do homem estão perante os olhos do Senhor e ele pesa todas as suas veredas" *Baseada em Provérbios 5 e 6.*

"Mantenha longe dela seja o teu caminho e não te chegues à porta da sua casa. Para que não dês a outrem a tua honra, para que não farte a estranhos o teu esforço e todo o fruto do teu trabalho vá parar em casa alheia; e no fim venhas a gemer. Porque por causa duma prostituta se chega a pedir um bocado de pão e a adúltera anda à caça da alma preciosa. O que anda na companhia de prostitutas desperdiça a sua riqueza" *Baseada em Provérbios 5 e 6.*

"Não se desvie para os caminhos dela o teu coração, pois como ribeiros de águas assim é o coração na mão do Senhor, que o inclina a todo o Seu querer. Não te deixes perder nas suas veredas. Porque a muitos feridos derrubou e são muitíssimos os que por causa dela foram mortos. A sua casa é caminho do inferno que desce para as câmaras da morte. Cova profunda é a boca das mulheres estranhas; aquele contra quem o Senhor se irar, cairá nela. Porque cova profunda é a prostituta, e poço estreito a estranha" *Baseada em Provérbios 7 Provérbios 21, 22 e 23.*

"O que adultera com uma mulher é falto de entendimento; aquele que faz isso destrói a sua alma. Pois ela, como um salteador, se põe à espreita, e multiplica entre os homens os infiéis. Qual a ave que vagueia longe do seu ninho, tal é o homem que anda vagueando longe da sua morada" *Baseada em Provérbios 6, 23 e 27.*

"O caminho da mulher adúltera é assim: ela come, depois limpa a sua boca e diz: Não fiz nada de mal! Porque os lábios da mulher estranha destilam favos de mel e o seu paladar é mais suave do que o azeite. Mas o seu fim é amargoso como o absinto, agudo como a espada de dois gumes. Os seus pés descem para a morte. Ela não pondera os caminhos da vida, as suas andanças são errantes: jamais os conhecerás" *Baseada em Provérbios 5 e 30.*

"Adúlteros e adúlteras, não sabeis vós que a amizade do mundo é inimizade contra Deus? Portanto, qualquer que quiser ser amigo do mundo constitui-se inimigo de Deus. E não comuniqueis com as obras infrutíferas das trevas, mas antes condenai-as. Porque o que eles fazem em oculto até dizê-lo é torpe" *Baseada em Tiago 4 e Efésios 5.*

"Porque, andando na carne, não militamos segundo a carne. Porque as armas da nossa milícia não são carnais, mas sim poderosas em Deus para destruição das fortalezas. Destruindo os conselhos e toda a altivez que se levanta contra o conhecimento de Deus, e levando cativo todo o entendimento à obediência de Cristo" *Baseado em 2 Coríntios 10:3-5.*

"Agora eu me regozijo, não porque fomos contristados, mas porque fomos contristados para arrependimento; pois fomos contristados segundo Deus; de maneira que por nós não padecestes dano em coisa alguma. Porque a tristeza segundo Deus opera arrependimento para a salvação, da qual ninguém se arrepende; mas a tristeza do mundo opera a morte" *Baseado em 2 Coríntios 7.*

"Deus nos deu o ministério da reconciliação. Isto é, Deus estava em Cristo reconciliando consigo o mundo, não lhes imputando os seus pecados; e pôs em nós a palavra da reconciliação. De sorte que somos embaixadores da parte de Cristo, como se Deus por nós rogasse. Rogamo-vos, pois, da parte de Cristo, que vos reconcilieis com Deus" *Baseado em 2 Coríntios 5.*

"Pois Deus disse: Eis que a porei numa cama, e sobre os que adulteram com ela virá grande tribulação, se não se arrependerem das suas obras. Portanto, confessai as vossas culpas uns aos outros e orai uns pelos outros, para que sareis. A oração feita por um justo pode muito em seus efeitos. Porque o que encobre as suas transgressões nunca prosperará, mas o que as confessa e deixa, alcançará misericórdia" *Baseado em Apocalipse 2, Tiago 5 e Provérbios 28.*

"Haverá alegria no céu por um pecador que se arrepende mais do que por noventa e nove justos que não necessitam de arrependimento. Sim, há alegria diante dos anjos de Deus por um pecador que se arrepende. Pois Jesus disse: Aquele que de entre vós está sem pecado seja o primeiro que atire pedra contra ela. Nem Eu também te condeno; vai-te, e não peques mais." *Baseado em Lucas 15 e João 8.*

"Nem Eu também te condeno" *João 8:11.*

Orações por restauração

"Ouve a minha oração, Ó Senhor, ouve meu clamor, não fique em silêncio em relação às minhas lágrimas. Põe as minhas lágrimas no teu odre. Não estão elas no Teu livro? Mas eu sou pobre e necessitado; contudo o Senhor cuida de mim. Tu és o meu auxílio e o meu libertador; não Te detenhas, Ó meu Deus" *Baseada em Salmos 39, 40 e 56.*

"Meu próprio amigo íntimo, em quem eu tanto confiava, que comia do meu pão, levantou contra mim o seu calcanhar. Não era um inimigo que me afrontava; então eu o teria suportado; nem era o que me odiava que se engrandecia contra mim, porque dele me teria escondido. Mas eras tu, homem meu igual, meu guia e meu íntimo amigo. Nós que tínhamos um doce relacionamento" *Baseada em Salmos 41 e 55.*

"Tenha já fim a malícia dos ímpios; mas estabeleça-se o justo. Na rede que esconderam seus próprios pés sejam presos. Julga-os culpados, Ó Deus, por suas próprias armadilhas, faça-os cair! Na multidão de suas transgressões, lança-os fora, pois são rebeldes contra Ti. Que sejam aterrorizados por sua vergonha. Que todos os meus inimigos sejam envergonhados e grandemente espantados. Não me deixes confundido, Ó Senhor, porque a Ti tenho invocado. Deixa confundidos os ímpios e emudeçam na sepultura. Em Ti, Ó Senhor, eu me refugio. Livra-me em Tua justiça" *Baseado em Salmos 5, 6, 31 e 40.*

"Embora tenham planejado o mal contra Ti, eles não terão sucesso. Quando meus inimigos se voltam, eles caem e perecem perante a Ti. Tu apagaste seus nomes para sempre. A memória deles pereceu. Ainda um pouco mais e o ímpio não mais existirá. E atentarei cuidadosamente para seu lugar e ele não estará mais lá. Mas os humildes herdarão a terra e se deliciarão em abundante prosperidade" *Baseada em Salmos 9, 21 e 37.*

"Tu cercas o justo com um escudo. Em paz também me deitarei e dormirei, porque só tu, Senhor, me fazes habitar em segurança. Ofereçam a Deus sacrifícios de ações de graças. E invoca-me no dia da angústia. Eu te livrarei, e tu Me glorificarás" *Baseada em Salmos 4 5 e 50.*

"Seja forte e fortaleça seu coração, todos que esperam no Senhor. Seja o seu pastor, Senhor, e carregue-os para sempre. Teria perecido se não cresse que veria a bondade do Senhor na terra dos viventes. Espera no Senhor, anima-te, e ele fortalecerá o teu coração; espera, pois, no Senhor" *Baseada em Salmos 27, 28 e 31.*

"Porque o teu Criador é o teu marido; o Senhor dos Exércitos é o seu nome. Porque o Senhor te chamou como a mulher desamparada e triste de espírito; como a mulher da mocidade, que fora desprezada, diz o teu Deus" *Isaías 54:5-6.*

Que o Senhor Lhe Conceda a Vitória!

Compromisso pessoal: de lutar no Espírito pelo meu marido e meu casamento. "Baseado no que aprendi da Palavra de Deus, comprometo-me a lutar no Espírito ao invés de continuar a lutar na carne. Reconheço que quando luto na carne eu perco a batalha espiritual. Desta forma, comprometo-me a gastar minha energia, tempo e pensamentos na batalha espiritual por meu casamento e minha família".

Data: _____ Assinado: _____

Para encorajamento e para edificar sua fé, você encontrará páginas de testemunhos em nosso website ou pode adquirir nosso livro sobre casamentos restaurados, *Pela palavra do seu testemunho*, através do nosso site.

Se seu casamento foi restaurado através deste livro ou de nosso ministério, por favor, escreva-nos para que possamos colocar seu testemunho na Internet ou publicá-lo em nosso livro de testemunhos. Demos a Ele o louvor que merece receber e vamos dizer ao mundo o que Deus fez em nossas vidas, para encorajarmos outros. "E eles o venceram pelo sangue do Cordeiro e *pela palavra do seu testemunho...*" (Apocalipse 12:11).

Sobre a autora

Erin Thiele tem sido abençoada por ser mãe de quatro garotos (Dallas, Axel, Easton e Cooper) e três garotas (Tyler, Tara e Macy). Sua vida e fé foram fundamentadas na Rocha durante sua luta para restaurar seu próprio casamento em 1989, quando o seu marido, a deixou por outra mulher e até se divorciou dela.

O Ministério Restaurar começou quando Erin buscou cada denominação de sua localidade, mas não foi capaz de encontrar a ajuda ou a esperança que precisava.

Este livro e o livro de exercícios, *Uma Mulher Sábia*, eram originalmente um longo livro que ela escreveu enquanto Deus a guiava para preparar seu lar para o retorno de seu marido. Depois, este livro de restauração foi separado do livro *Uma Mulher Sábia*, para ajudar muitas mulheres em crise, que o Senhor levou até Erin.

Erin tem escrito outros livros, com seu estilo peculiar de usar as Escrituras para ministrar aos quebrantados de coração e aos cativos espirituais. "Ele enviou a **Sua Palavra** e os sarou; e os livrou da sua destruição" (Salmos 107:20).

Este é outro testemunho poderoso das promessas de Deus e de Sua fidelidade. "Porque todas quantas promessas há de Deus, são Nele **sim**, e por ele o **Amém**, para glória de Deus por nós" (2 Coríntios 1:20).

Temos muitos recursos para a ajuda de mulheres, não importa em qual crise você esteja. Para achar todos os nossos livros, por favor, visite o nosso site: **Encouragingbookstore.com**.

Se Deus está movendo em sua vida, venha até o nosso website e se torne um membro: **AjudaMatrimonial.com**.

"**O Espírito do Senhor Deus está sobre mim**;
Porque o **Senhor** me ungiu,
Para pregar **boas novas** aos mansos;
Enviou-me a **restaurar** os contritos de coração,
A proclamar **liberdade** aos cativos,
E a **abertura de prisão** aos presos;
A apregoar o ano aceitável do Senhor
E o dia da vingança do nosso Deus.
A **consolar** todos os tristes;
A ordenar acerca dos tristes de Sião.
Que se lhes dê **glória** em vez de cinza,
Óleo de **gozo** em vez de tristeza,
Vestes de louvor em vez de espírito angustiado;
A fim de que **se chamem** árvores de justiça,
Plantações do Senhor,
Para que ELE SEJA GLORIFICADO.
E **edificarão** os lugares antigamente assolados,
E **restaurarão** os anteriormente destruídos,
E **renovarão** as cidades assoladas,
Destruídas de geração em geração."
—Isaías 61:1-4

Confira o que também está disponível
em EncouragingBookstore.com e PoloBooks.com.br

Escaneie o código abaixo para ver os livros disponíveis das nossas séries: Vida Abundante, Restauração e Pela Palavra de Seu Testemunho.

Visite nossos sites, onde você também encontrará esses livros como cursos GRATUITOS para homens e mulheres.

Quer saber mais sobre como você pode viver uma Vida Abundante?

Restore Ministries International
POB 830 Ozark, MO 65721

Para mais ajuda, por favor visite um dos nossos websites:

AjudaMatrimonial.com

EncouragingWomen.org

HopeAtLast.com

LoveAtLast.com

RestoreMinistries.net

RMIEW.com

RMIOU.com

Aidemaritale.com (francês)

AmoreSenzaFine.com (italiano)

AyudaMatrimonial.com (espanhol)

Eeuwigdurendeliefde-nl.com (holandês)

EternalLove-jp.com (japonês)

EvliliginiKurtar.com (Turco)

Pag-asa.org (tagalog filipino)

UiteindelikHoop.com (africâner)

Wiecznamilosc.com (polonês)

ZachranaManzelstva.com (eslovaco)

EncouragingMen.org